Vivian Gornick

Offene Fragen

Notizen einer passionierten Wiederholungsleserin

*Aus dem amerikanischen Englisch
von pociao*

Dieses Buch ist Randall Jarrell gewidmet,
dem Mann, der glaubte, wir seien dem Schreiben
verpflichtet, weil es dem Lesen diene.

Anmerkung der Autorin

Manche Sätze, Absätze – sogar ganze Passagen in diesem Buch – sind bereits in anderen meiner Veröffentlichungen erschienen. Ich war so frei, gewissermaßen bei mir selber »abzukupfern«, weil es mir hier darum geht, Texte erneut zu lesen, und ich fand es nützlich, auch mich selbst noch einmal neu zu lesen, indem ich den Kontext veränderte, in dem die Gedanken in diesen Passagen zum ersten Mal erschienen. Ich hoffe aufrichtig, dass diese Vorgehensweise den Leser nicht abschreckt.

Einleitung

Wenn ich heute ein Buch, das mir früher in meinem Leben einmal wichtig war, erneut lese, habe ich oft das Gefühl, auf der Couch eines Analytikers zu liegen. Das Narrativ, das ich jahrelang sozusagen auswendig konnte, wird plötzlich auf beunruhigende Weise infrage gestellt. Es scheint, als hätte ich vieles von diesem oder jenem Protagonisten oder Handlungsablauf falsch in Erinnerung behalten: Sie lernten sich in New York kennen, dabei war ich mir sicher, es war in Rom; sie begegneten sich 1870, ich dachte, es sei 1900 gewesen; und *was* hat die Mutter dem Protagonisten angetan? Trotzdem rückt beim Lesen des Buches die Außenwelt nach wie vor in den Hintergrund, und ich kann nicht umhin, mich zu fragen: Wenn ich dies und das und auch das da falsch verstanden habe, wie kann es dann sein, dass mich das Buch noch immer dermaßen fesselt?

Wie die meisten Buchliebhaber denke ich manchmal, ich sei lesend auf die Welt gekommen. Ich kann mich an keine Zeit erinnern, in der ich kein Buch in der Hand hatte und für meine Umgebung ansprechbar war. In den Ferien mit Familie oder Freunden kann ich mich ohne Weiteres mit einem Buch auf die Wohnzimmercouch eines schönen Landhauses legen und die wunderbare grüne Landschaft, deretwegen wir alle gekommen sind, einfach ignorieren. Einmal, als ich mit dem Zug durch die peruanischen Anden fuhr, konnte ich den Blick nicht von der *Frau in Weiß* lösen, während alle anderen begeistert und staunend aus dem Fenster sahen. Ein anderes Mal saß ich mit Diane Johnsons *Lesser Lives* (einer imaginären Biografie von George Merediths erster Frau) auf dem Schoß in der gleißenden Sonne eines Karibikstrands und wunderte mich beim Aufblicken, nicht vom kalten englischen Nebel der 1840er Jahre umgeben zu sein. Was für herrliche Begleiter diese Bücher waren! Alle Bücher. Es gibt nichts Vergleichbares. Es ist die Sehnsucht nach der im Buch enthaltenen Stimmigkeit – diesem seltsamen Versuch, das Unausgereifte in Worte zu fassen –, es erzeugt Frieden und Erregung, Geborgenheit und Trost. Vor allem aber ist es die schiere *Erlösung* von dem Chaos im eigenen Kopf, die das Lesen mit sich bringt. Manchmal habe ich das Gefühl, allein das schenkt mir Lebensmut, und zwar seit frühester Kindheit.

Wir wohnten in einem proletarischen Einwandererviertel in der Bronx, wo die zahlreichen Geschäfte in der einzigen Einkaufsstraße sämtliche Bedürfnisse befriedigten. Metzger, Bäcker, Lebensmittelhändler, Bank, Apotheke, Schuster: eine einzige lange Ladenfront. Eines Tages, als ich noch recht klein war, sieben oder acht, nahm mich meine Mutter an der Hand mit in ein Geschäft, das mir noch nie aufgefallen war: eine Zweigstelle der New Yorker Leihbibliothek. Es handelte sich um einen langen Raum mit nackten Holzdielen, dessen Wände vom Boden bis zur Decke mit Bücherregalen bedeckt waren. In der Mitte des Raums stand ein Tisch, an dem Eleanor Roosevelt saß (damals sahen alle Bibliothekarinnen so aus wie Eleanor Roosevelt): Eine große, vollbusige Frau, die ihr dichtes graues Haar im Belle-Époque-Stil auf dem Kopf aufgetürmt hatte, mit einer randlosen Brille auf der unglaublich geraden Nase und einem Ausdruck ruhigen Interesses in den Augen. Meine Mutter trat an den Tisch, deutete auf mich und erklärte Eleanor Roosevelt: »Sie liest gern.« Die Bibliothekarin stand auf, sagte »Komm mal mit« und ging mit mir zurück in den vorderen Teil des Raums, wo die Kinderbuchabteilung war. »Fang hier an«, sagte sie, und das tat ich. Von diesem Augenblick an las ich mich bis zum Ende der High School durch den ganzen Raum hindurch. Fragt man mich heute, was ich damals alles aus der Leihbibliothek mitnahm, erinnere ich mich nur, dass ich mich von *Grimms Märchen* über *Little Women* bis *Von Zeit und Fluss* vorkämpfte. Dann kam ich ins College und entdeckte, dass ich die ganze Zeit Literatur gelesen hatte. Ich glaube, in diesem Moment fing ich an, Bücher wiederzulesen, denn seitdem kehrte ich immer wieder zu den Werken zurück, die meine Vertrauten geworden waren, nicht nur wegen der mitreißenden Freude an der Geschichte an sich, sondern auch um zu verstehen, was ich durchlebte und was ich daraus lernen konnte.

Ich wuchs in einem diskussionsfreudigen linken Haushalt auf, in dem Karl Marx und die internationale Arbeiterklasse Glaubensgrundsätze bildeten: Sensible Antennen für soziale Ungerechtigkeit waren eine Selbstverständlichkeit.

Daher waren von Anfang an fast alle konkreten Erfahrungen von einem politischen Bewusstsein gefärbt, Lesen natürlich eingeschlossen. Ich las immer und ausschließlich, um die Macht des Lebens zu spüren. Diese manifestierte sich (auf erregende Art) im Umgang des Protagonisten mit jenen äußeren Kräften, die sich seiner oder ihrer Kontrolle entzogen. So berührten mich die Werke von Dickens, Dreiser und Hardy gleichermaßen intensiv, aber auch die von Mike Gold, John Dos Passos und Agnes Smedly. Als ich vor einigen Jahren auf einen Aufsatz von Delmore Schwartz stieß, in dem dieser sich über Edmund Wilsons schockierenden Mangel an Interesse für die literarische Form wundert, musste ich lachen. Für Schwartz ist Form für die Bedeutung eines literarischen Werkes wesentlich, für Wilson jedoch kam es nicht darauf an, wie die Bücher geschrieben waren, sondern wovon sie handelten und wie sie die Kultur in ihrer Gesamtheit beeinflussten. Er stellte ein Buch immer in einen sozialen und politischen Kontext, das war typisch für ihn. Diese Perspektive erlaubte es ihm, einen Gedankengang zu verfolgen, bei dem er Proust und Dorothy Parker im selben Satz erwähnen oder Max Eastman im Vergleich über André Gide stellen konnte. Für Schwartz war das eine echte Qual. Für mich war es unbeschreiblich lohnend. Und so erschien es mir ganz natürlich, dass die Art, wie ich las, auch die Art sein würde, in der ich zu schreiben begann.

Ende der sechziger Jahre besuchte ich ein »Speak-out« im Vanguard, einem berühmten Jazz Club in Greenwich Village. Der Abend wurde unter dem Titel »Kunst und Politik« angekündigt, und auf dem Podium saßen der Dramatiker LeRoi Jones (später Amiri Baraka), der Saxofonist Archie Shepp und der Maler Larry Rivers. Das Publikum umfasste sämtliche Linke der weißen Mittelschicht von New York. Sehr schnell wurde klar, dass die Kunst gegen die Politik keine Chance hatte. Jones dominierte das Ereignis, indem er gleich zu Beginn erklärte, dass nicht nur die Bürgerrechtsbewegung die sogenannte weiße Intervention satt habe, sondern auf den Plätzen des Theaters der

Revolution bald Blut fließen werde, und wer auf diesen Plätzen sitze, das wisse man ja. Der Saal explodierte, alle johlten und schrien irgendwelche Versionen von »Unfair!« durcheinander, doch eine Stimme erhob sich über alle anderen. »Ich habe meinen Beitrag geleistet, LeRoi«, schrie sie. »*Du weißt*, dass ich meinen Beitrag geleistet habe!« Jones ließ sich von dem Tumult weder beeindrucken noch einschüchtern und erklärte, dass wir »ofays«* alles vermurkst hätten, und wenn sie, die Schwarzen, an die Macht kämen, wollten sie alles anders machen: Sie würden die Welt, wie wir sie kannten, zerstören und noch einmal ganz von vorn anfangen. Ich weiß noch, wie ich dachte: Er will nicht die Welt, wie sie ist, zerstören, er will seinen rechtmäßigen Platz darin einnehmen, *wie es sich gehört*, nur ist sein Kopf im Augenblick so voller Blut, dass er es gar nicht weiß.

Das wollte ich unbedingt in die Welt hinausschreien, so wie all die anderen das hinausschrien, was sie jeweils am meisten verletzte, doch er machte mir Angst (man kann sich Barakas mächtige öffentliche Ausstrahlung in jener tragischen Zeit kaum vorstellen), deshalb hielt ich den Mund und ging nach Hause; da ich jedoch einen starken Drang verspürte, den ich mir nicht recht erklären konnte, blieb ich die halbe Nacht wach und hielt das ganze Ereignis aus der Perspektive meiner eigenen großartigen Erkenntnisse fest. Beim Schreiben entdeckte ich dann das, was mein natürlicher Stil werden sollte. Aus der Perspektive der teilnehmenden Erzählerin heraus baute ich die Geschichte instinktiv so auf, als wäre es Fiktion (»Neulich Abend im Vanguard ...«), damit die Leser sie durch meine

* rassistischer Ausdruck für »Weiße« (Anm. d. Ü.)

Augen sahen, das Ereignis so erlebten, wie ich es erlebt hatte, es genauso instinktiv spürten, wie ich es gespürt hatte (»Ich habe meinen Beitrag geleistet, LeRoi. *Du* weißt, dass ich meinen Beitrag geleistet habe!«), und am Ende nicht von der Brisanz von Kunst und Politik, sondern vom Leben und der Politik bewegt und belehrt nach Hause gehen würden. Obwohl ich mir damals dessen nicht bewusst war, hatte ich begonnen, subjektiven Journalismus zu schreiben.

Am Morgen steckte ich das, was ich in der Nacht geschrieben hatte, in einen Briefumschlag, ging zum Briefkasten an der Ecke und schickte es an *The Village Voice*. Ein paar Tage später klingelte mein Telefon. Ich nahm ab, »Hallo«, und hörte die Stimme eines Mannes. »Ich bin Dan Wolf, Herausgeber der *Voice*, und wer zum Teufel sind Sie?« Noch ehe ich nachdenken konnte, rutschte es mir heraus: »Keine Ahnung, sagen Sie es mir.« Wolf lachte und forderte mich auf, ihm mehr von meiner Arbeit zu zeigen. Ein Jahr später schickte ich ihm einen neuen Text. Und ich glaube, bis zum dritten Mal verging noch fast ein weiteres Jahr.

Ich hatte es ernst gemeint, als ich sagte, ich hätte keine Ahnung, wer ich sei. Zwar konnte ich jederzeit ohne Punkt und Komma reden, sodass mein Gegenüber gelegentlich sagte: »Das solltest du aufschreiben«, wurde aber fast immer, wenn es darauf ankam, von lähmenden Selbstzweifeln befallen. Nur selten erlaubte mir dieses glühende Gefühl von Nicht-anders-Können, einen Text auf befriedigende Weise abzuschließen. Hier war ich nun, nach diesem Abend im Vanguard, mit einer offenen Einladung, der quälenden Unfähigkeit entgegenzutreten und mich zumindest ansatzweise meinem lebenslangen Bestreben zu stellen, eine professionelle Schriftstellerin zu werden. Und was tat ich? Ich heiratete. Ich heiratete und verließ New York, um irgendwo tief in der amerikanischen Provinz zu leben, wo jede Verbindung, die ich zum Schreiben hatte, erst einmal drastisch gekappt wurde. Doch es dauerte nicht lange, bis ich mich scheiden ließ und in die Stadt zurückkehrte, wo ich dann ziellos umherstreifte und hin und wieder eine Stelle annahm, die irgendwie mit dem Verlagswesen zu tun hatte: ein in die Jahre gekommener Teenager, der nicht erwachsen werden wollte.

Eines Tages jedoch betrat ich das Büro der *Voice* – woher ich den Mut nahm, ist mir bis heute ein Rätsel – und bat Dan Wolf um eine Stelle. »Sie sind eine neurotische Jüdin«, sagte er, »die nur einmal im Jahr einen Text zustande bringt, wie soll ich Ihnen da einen Job geben?« Ich antwortete, nein, das sei vorbei, ich würde tun, was immer er verlangte – und wie es sich herausstellte, war mir damit ernst. Zwei Aufträge später hatte ich den Job.

Doch worin genau bestand dieser Job?

The Voice war ein Meinungsblatt, das 1955 auf dem Höhepunkt des Kalten Krieges gegründet worden war, als die Meinung eines Linksliberalen als radikal galt. Das Schlüsselwort war »Meinungsmache«. Die Zeitung war dermaßen sensationsheischend aufgemacht, dass sämtliche Mitarbeiter sich anhörten, als hielten sie der Gesellschaft routinemäßig eine Knarre an die Schläfe. In gewisser Hinsicht ähnelte der Betrieb dem sozialem Realismus meiner Kindheit, weshalb ich ganz gut dazu passte. Andererseits kollidierte mein Faible für den subjektiven Journalismus bald mit der verführerischen Reduzierung auf »die« gegen »uns«, die in der Berichterstattung der *Voice* vorherrschte. Mich bei der Erforschung eines Themas als Werkzeug der Erleuchtung zu betrachten, weckte in mir das wachsende

Bedürfnis, sowohl nach innen als auch nach außen zu schauen: das »Subjektive« und das »Journalistische« proportional zusammenzuführen und herauszufinden, wie die einzelnen Teile *wirklich* zusammenpassten, wie sich die Situation vor Ort *tatsächlich* anfühlte. Es kam mir vor, als arbeitete ich eine ganze Weile mit nur mäßigem Erfolg an der Lösung dieses Problems. Dann setzte die Befreiungsbewegung der siebziger Jahre ein, Politik fühlte sich allmählich existenziell an, und das Dilemma, wie man subjektiven Journalismus schreibt, war für mich längst erledigt.

Ende der siebziger Jahre sagte ein Redakteur der *Village Voice* zu mir: »In der Bleecker Street versammeln sich diese Emanzen. Geh doch mal hin und guck dir das an!«

»Was sind Emanzen?«, fragte ich. Eine Woche später war ich selber eine.

Innerhalb von wenigen Tagen hatte ich Kate Millett, Susan Brownmiller, Shulamith Firestone und Ti-Grace Atkinson kennengelernt. Es war, als redeten sie alle auf einmal, und trotzdem hörte ich jedes einzelne Wort, das sie sagten. Vielleicht hatten sie aber auch alle dasselbe gesagt, denn nach dieser Woche war ich nur von einem einzigen Gedanken beseelt, dass nämlich die Vorstellung, Männer nähmen von Natur aus ihren Verstand ernst und Frauen nicht, keineswegs eine natürliche Tatsache ist, sondern ein Aberglaube. Er dient den herrschenden Wertvorstellungen und ist von wesentlicher Bedeutung dafür, wie unser aller Leben sich gestaltet. Die Unfähigkeit, sich vorrangig als arbeitender Mensch zu betrachten – das war, wie ich jetzt erkannte, das zentrale Dilemma im Leben der Frauen.

Diese Einsicht fühlte sich neu und tiefsinnig an, vor allem aber unwiderstehlich. Plötzlich sah ich das ungelebte Leben von Frauen nicht nur als ein Verbrechen von historischem

Ausmaß, sondern als ein psychisches Drama, das genau in dem Moment perfekt zum Leben erwachte, als das Wort »Sexismus« erfunden wurde – und dieses Wort beherrschte nun meine Tage. Überall sah ich Sexismus: roh und brutal, gewöhnlich und intim, uralt und omnipräsent. Ich sah ihn in den Straßen und in den Kinos, in der Bank und im Lebensmittelladen. Ich sah ihn, wenn ich die Schlagzeilen las, mit der U-Bahn fuhr und wenn man mir die Tür aufhielt. Und was mich am meisten schockierte: Ich sah ihn auch in der Literatur. Die meisten Bücher, mit denen ich aufgewachsen war, das erkannte ich nun, hatten weibliche Charaktere, die wie blutleere Strichfigürchen wirkten und nur dazu dienten, das Schicksal der Hauptfiguren, die, wie mir erst jetzt bewusst wurde, fast durchweg männlich waren, entweder zu behindern oder voranzutreiben. Es kam mir vor, als hätte ich mich beim Lesen mein ganzes Leben lang mit Charakteren identifiziert, deren Entwicklung sich erheblich von der unterschied, die ich hoffentlich selbst machen würde.

Was für ein Hochgefühl überkam mich bei dieser Analyse! Ich wachte mit ihr auf, tanzte den ganzen Tag mit ihr herum und schlief lächelnd mit ihr ein. Es war, als könnte allein diese Offenbarung mich ins gelobte Land nicht nur der politischen Gleichberechtigung, sondern auch der inneren Unabhängigkeit katapultieren. Dass uns Frauen unsere Rechte verweigert wurden, reichte mir als Erklärung meines Verhaltens. Was für eine fröhliche kleine Anarchistin ich wurde! Was für eine Freude war es, in all der Aufregung konventionelle Einstellungen beiseite zu schieben! Wie ungeniert konnte ich sagen: »Keine Gleichheit in der Liebe? Dann verzichte ich eben! Kinder und Mutterschaft? Überflüssig! Gesellschaftliche Ächtung? Quatsch!«

Damals fühlte sich das Leben gut an. Ich hatte den Durchblick, ich war nicht allein. Wohin ich auch sah, überall gab es Frauen wie mich, die dasselbe sahen wie ich, dachten wie ich, sprachen wie ich.

Trotzdem war keineswegs alles eitel Sonnenschein. Zum Beispiel hatte niemand mit dem Ausmaß an Wut gerechnet, die die Frauenbewegung in Männern und Frauen gleichermaßen auslösen würde: Manchmal war sie so stark, dass sie die ganze Welt in Brand zu setzen schien. Jeden Tag gingen Ehen zu Bruch, endeten Freundschaften, wurden Familienmitglieder einander fremd – und vollkommen anständige Menschen warfen sich die abscheulichsten Dinge an den Kopf oder taten sich Gott weiß was an. So lauschten eines Abends zwei Akademiker – eine großgewachsene, schlanke Frau und ein dicker, kleiner Mann – auf einer Dinnerparty aufmerksam einem angesehenen Historiker, auf dessen Fachgebiet sich die Frau sehr gut auskannte. Gelegentlich stellte sie eine Frage oder äußerte einen Kommentar, woraufhin ihr Kollege sie ungeduldig bat, nicht ständig »dazwischenzureden«. Früher hätte diese Frau nach einer solchen Zurechtweisung den Mund gehalten, jetzt aber verhärtete sich ihr Gesicht, und sie zischte ihm zu: »Es reicht, du hässlicher Zwerg, was bildest du dir ein, mir das Wort zu verbieten?« Alle am Tisch verstummten, und innerhalb von Minuten löste sich die Gesellschaft auf. Ich blieb verdutzt zurück. Einerseits war ich von dem Gefühlsausbruch der Frau begeistert, andererseits hinterließ der Verlust an Höflichkeit einen bitteren Nachgeschmack. Wer hätte gedacht, dass in so vielen von uns so lange so viel Hass und Angst gegärt hatten?

Innerhalb eines Jahrzehnts wurde den Feministinnen der siebziger Jahre bewusst, dass wir uns in der politischen

Analyse zwar einig waren, die Ideologie allein uns jedoch nicht von unserem eigenen beschädigten Ich erlösen konnte. Zwischen der Inbrunst unserer Rhetorik und dem Diktat der tagtäglichen Realität schien ein Niemandsland ungeprüfter Überzeugungen zu liegen. Viele von uns wurden zu Paradebeispielen für die Kluft zwischen Theorie und Praxis: die Diskrepanz zwischen dem, was zu fühlen wir vorgaben und der erbärmlichen Komplexität dessen, was wir tatsächlich mit jedem Tag deutlicher spürten.

Die quälenden Widersprüche innerhalb meiner Persönlichkeit offenbarten sich Tag für Tag, und Verhaltensmuster, denen ich bislang keine Aufmerksamkeit geschenkt hatte, spielten plötzlich eine wichtige Rolle. Ich hatte mich immer für eine im Großen und Ganzen angenehme Zeitgenossin gehalten, die Wert auf das legte, was man normalerweise als anständig bezeichnet. Jetzt sah ich, dass das keineswegs stimmte. In Unterhaltungen fiel ich anderen ins Wort und gab Kontra, Familienangelegenheiten fand ich langweilig und uninteressant, und in der Redaktion spielte ich mich übertrieben auf. Obwohl ich mich ständig nach einer festen Beziehung sehnte (zumindest glaubte ich das), sabotierte ich eine nach der anderen, indem ich mich fast ausschließlich auf das konzentrierte, was ich für meine Bedürfnisse hielt, statt auf die meiner jeweiligen Freundin oder des aktuellen Liebhabers. Wie entsetzlich fühlte sich nun die eingeschränkte Erfahrung an, zu der mich meine eigene Selbstspaltung geführt hatte!

Im Nullkommanichts tat sich ein unvorstellbares Universum von Emotionen vor mir auf, das seine eigene Theorie, eigene Gesetze und eine eigene Sprache hatte und eine Weltsicht darstellte, die mehr Wahrheit zu enthalten schien – das heißt, mehr innere Realität – als jede andere;

damit nahm das Drama »Innere Quälerei« seinen Lauf. Jetzt kämpfte ich jeden Tag mit mir, und ein Teil von mir ging auf den anderen los. Die Vernunft sagte mir, von welchen Verhaltensweisen ich mich lösen sollte, während allerlei Zwänge verlangten, die Vernunft zu ignorieren. Immer wieder erlebte ich die Erniedrigung fortwährender Selbstdemontage. Im Verlauf einer langen Analyse wurde klar, dass Erkenntnis allein niemals genug sein würde, doch es dauerte Jahre, um das zu verinnerlichen. Die Anstrengung, die notwendig war, um so etwas Ähnliches wie ein ganzheitliches Ich zu entwickeln, würde ein ganzes Leben in Anspruch nehmen. Wie der große Anton Tschechow es so unvergesslich formuliert hatte: »Während andere mich zu einem Sklaven hätten machen können, war ich derjenige, der tropfenweise den Sklaven aus sich herauspresst.«

Einmal mehr stellte ich fest, dass ich Texte jetzt anders las. Ich nahm mir die Bücher vor – zumeist Romane –, die ich ein erstes und ein zweites Mal gelesen hatte, und las sie noch einmal. Diesmal erkannte ich, dass ungeachtet der Handlung, des Stils oder der Epoche das zentrale Drama im literarischen Werk immer von der Schädlichkeit der menschlichen Selbstspaltung abhängt: von der Angst und der Ignoranz, die sie auslöst, der Scham, die sie verursacht, dem lähmenden Geheimnis, in das sie uns hüllt. Mehr noch, ich erkannte, dass das, was einen unweigerlich an der Lektüre eines guten Buches berührt – etwas, das im Text mitschwingt und irgendwo in seinem Innersten gefangen ist –, die vage Vorstellung (als käme sie aus dem urzeitlichen Unbewussten) von einer menschlichen Existenz mit geheiltem Riss ist, von zusammengefügten Teilen, von der zur Perfektion getriebenen Sehnsucht nach Verbindung. Große Literatur, so dachte ich damals und denke es heute noch, ist nicht die Aufzeichnung einer errungenen Ganzheit des Seins, sondern die einer tiefen Anstrengung, die in ihrem Namen unternommen wurde.

Ich lese noch immer, um die Macht des Lebens zu fühlen. Ich sehe den Protagonisten noch immer im Bann von Kräften, die sich seiner Kontrolle entziehen. Und wenn ich schreibe, hoffe ich noch immer, dass ich den Leser dazu bringe, alles mit meinen Augen zu sehen, damit er die Dinge, um die es geht, so erlebt, wie ich sie erlebt habe, sie intuitiv so spürt, wie ich es tat.

Es folgt eine Sammlung von Texten, geschrieben in Würdigung der literarischen Abenteuer, die mir durch das Lesen und Wiederlesen von Büchern ermöglicht wurde und mir all das oben Gesagte auf neue Art vermittelte.

1

Ich war zwanzig, als mir ein Englischlehrer *Söhne und Liebhaber* in die Hand drückte. Bis dahin hatte ich den Begriff Entwicklungsroman noch nicht einmal gehört, trotzdem erkannte ich einen als solchen, sobald ich ihn sah, und D. H. Lawrence brachte das Thema so unverhohlen und drastisch vor, dass ich selbst in diesem zarten Alter das Gefühl hatte, mit dem grundlegenden Konflikt im Zentrum der Geschichte in Verbindung zu stehen. Ich verschlang das Buch in einem Zug, kam verzückt in die Klasse zurück, und fortan war *Söhne und Liebhaber* für mich eine Bibel. In den nächsten fünfzehn Jahren las ich das Buch drei Mal, und jedes Mal identifizierte ich mich mit einer anderen Hauptfigur: dem Helden Paul Morel, seiner Mutter Gertrude, seinen jungen Geliebten Miriam und Clara.

Beim ersten Mal war es Miriam, die Bauerntochter, bei der Paul seine Jungfräulichkeit verliert. Ich verstand sie sofort. Sie schläft nicht mit ihm, weil sie das will, sondern weil sie fürchtet, ihn zu verlieren. Beim Geschlechtsakt hat sie solche Angst, dass sie unter Paul liegt – der sich seinen eigenen sexuellen Delirien überlässt – und denkt: Weiß er denn, dass ich es bin? Weiß er, dass ich es bin?, statt sich der Erfahrung einfach hinzugeben. Miriam wünscht sich nichts sehnlicher als begehrt zu werden, nur um ihrer selbst willen. Ich war in einem schrecklichen Zwiespalt: Ich spürte die Lust, die Angst und das Unbehagen, die beide überwältigten, doch vor allem hatte ich das Gefühl, Miriam zu sein und dasselbe zu brauchen wie sie, ich war zwanzig. Als ich das Buch das nächste Mal las, war ich Clara, die sexuell leidenschaftliche Frau aus der Arbeiterschicht, die sich nach einem erotischen Leben sehnt, gleichzeitig aber fürchtet, dass man sie aufgrund ihrer verborgenen Sehnsucht, nur um ihrer selbst willen begehrt zu werden, erniedrigen könnte. Als ich das Buch zum dritten Mal las, war ich Mitte dreißig – zwei Mal verheiratet gewesen und zwei Mal geschieden worden, frisch »befreit« –, und da identifizierte ich mich mit Paul selbst. Jetzt ging es mir darum zu begehren, statt begehrt zu werden, ich genoss es, mich der schockierenden Lust sexueller Erfahrungen hinzugeben – befriedigend, vollkommen, überwältigend –, jetzt sah ich mich wie Paul am Ende des Romans als Held meines eigenen Lebens.

Als ich *Söhne und Liebhaber* vor Kurzem noch einmal las, in meinem, sagen wir, vorgerückten Alter, hatte ich nicht so sehr das Gefühl, dass ich früher viele Details falsch verstanden hätte (was aber doch auch zutraf), sondern eher, dass meine Erinnerung an das übergeordnete Thema – sexuelle Leidenschaft als *die* zentrale Erfahrung des Lebens – falsch gewesen war. Jetzt erkannte ich, dass es in dem Buch nicht wirklich darum ging, und ich fand es noch großartiger und bewegender, dass es mir in all den Jahren nicht aus einer Fülle von missverstandenen, sondern eher unzulänglich verstandenen Gründen ans Herz gewachsen war. Es war auch eines der ersten Male, da ich deutlich erkannte, dass ich, die Leserin, die eigentliche Bedeutung des Buches ergründen musste.

Die Handlung spielt im zwanzigsten Jahrhundert in einem Dorf der englischen Midlands und beschreibt den

Werdegang der Morels und ihrer vier Kinder. Gertrude (eine romantisch veranlagte Schullehrerin) und Walter (ein lebenslustiger Bergmann) lernen sich beim Tanzen kennen. Sie fühlt sich von seinem guten Aussehen, seiner Fröhlichkeit und seinen Tanzkünsten angezogen, er dagegen von ihrer Empfänglichkeit für seine Sinnlichkeit. Sie verlieben sich leidenschaftlich ineinander und heiraten. Er verspricht ihr ein eigenes Haus, ein einigermaßen gutes Einkommen und zärtliche Treue. Es dauert nicht lange, bis sie entdeckt, dass er nichts davon halten kann. »Er hat keinen Biss, sagte sie voller Bitterkeit zu sich selbst. Er empfindet nur für den Augenblick. Er kann nie bei der Sache bleiben. Hinter all seinem Getue ist nichts.« Er dagegen ist bestürzt, als er feststellt, dass sie mit Enttäuschungen nicht fertig wird: Es macht sie bitter und streng. Es dauert nicht lange, bis er, verwirrt von ihren ständigen Vorwürfen zu Hause, bei jeder sich bietenden Gelegenheit in den Pub flüchtet.

Nach acht Jahren (zu Beginn des Buchs) ist Mrs Morel einunddreißig, mit ihrem dritten Kind schwanger, lebt in ungeahnter materieller und seelischer Armut und verabscheut ihren Mann, den sie und auch die Kinder inzwischen nur noch als gewalttätigen Trunkenbold erleben.

Da Mrs Morel ihre romantische Empfindsamkeit nicht verliert, wendet sie sich zwangsläufig ihren Söhnen zu (die Tochter spielt so gut wie keine Rolle) auf der Suche nach der Art von Gesellschaft, die sie braucht, um ihre emotionalen Bedürfnisse zu befriedigen. Zuerst scheint William, der Älteste, derjenige zu sein, mit dem sie sich eine Seelenverwandtschaft erhofft, doch bald stellt sich heraus, dass es Paul ist, der Zweitgeborene und unser Protagonist, in dem sie in Wirklichkeit aufgehen soll. Wenn sie ihn auf dem Schoß hatte, »hatte sie dem Baby gegenüber ganz seltsame Gefühle … Und doch kam es ihr ganz gesund vor. Aber sie bemerkte ein eigenartiges Zusammenziehen der kindlichen Brauen und etwas eigenartiges Schweres in seinen Augen, als versuche es, so etwas wie Schmerz zu verstehen … Plötzlich verwandelte sich beim Anblick des Kleinen die Schwermut im Herzen der Mutter in leidenschaftlichen Kummer.« Die Unruhe ihrer Seele färbt auf das Baby ab. Im Alter von drei oder vier weint es grundlos, wird melancholisch, ohne dass man weiß, warum. Doch der Leser versteht: Von Geburt an waren Paul und seine Mutter eins.

Heute wissen wir, dass hier nicht unbedingt »Mutterliebe« am Werk ist. Es sind die Gedanken und Gefühle einer Frau, die ihre spirituelle Erlösung mit der dieses Jungen verbindet, der, an die Bewunderung seiner Mutter gefesselt, als Teenager behaupten wird, er werde sie niemals verlassen, aber im jungen Mannesalter erkennt, dass sein Innenleben ihn zu einer Art von Selbstfindung drängt, die eine Trennung von ihr unvermeidlich macht.

Die Metapher, die Lawrence für Pauls qualvolles Dilemma wählt, ist natürlich die der erotischen Liebe. Während Pauls Verlangen wächst – und beide Frauen, Miriam und Clara, Instrumente seines Erwachens und seiner Initiation werden –, taucht er immer tiefer ein in diese außergewöhnliche Kraft, bis er feststellt, dass Leidenschaft die Fähigkeit besitzt, Befreiung vorzutäuschen (daran erinnerte ich mich sehr gut), sie aber nicht auslösen kann (daran konnte ich mich überhaupt nicht erinnern). Die Auseinandersetzung, um die es eigentlich in diesem Roman geht, findet nicht zwischen Paul und seiner Mutter statt, sondern zwischen Paul und der Illusion, dass sexuelle Liebe eine Befreiung ist. Um Letzteres zu begreifen, brauchte ich eine Ewigkeit.

In den fünfziger Jahren, als ich jung war, wurde die Gesellschaft noch von den Einschränkungen des bürgerlichen Lebens beherrscht, die erotische Erfahrungen verpönten. Dieser Abstand nährte den Traum von Transzendenz, gepaart mit der von der Kraft sexueller Leidenschaft durchwirkten Verheißung auf Selbstfindung. Nur nannten wir es damals nicht Leidenschaft, wir nannten es Liebe; und die ganze Welt glaubte an Liebe. Meine Mutter, eine Kommunistin und Romantikerin, sagte mir: »Du bist klug, mach was aus dir, aber vergiss nie, die Liebe ist das Wichtigste im Leben einer Frau.« Grace Levines Mutter auf der anderen Straßenseite, die freitagabends Kerzen anzündete und sich vor allem fürchtete, was sich bewegte, flüsterte ihrer Tochter zu: »Mach es nicht wie ich. Heirate einen Mann, den du liebst.« Elaine Goldbergs Mutter, die um die Ecke wohnte, schlüpfte in ihren Persianermantel und erklärte achselzuckend: »Es ist genauso leicht, sich in einen reichen Mann zu verlieben wie in einen armen«, aber ihre Stimme klang verbittert, denn auch sie glaubte an die Liebe.

Im idealen Leben – dem gebildeten Leben, dem mutigen Leben, dem Leben draußen in der weiten Welt – glaubte man, dass man Liebe nicht nur anstreben, sondern auch erreichen konnte, und wenn man das geschafft hätte, wäre das ganze Leben verwandelt, würden die gestammelten Berichte über das Innenleben, die wir uns täglich erzählen, in eine anschauliche, fundierte und strukturierte Prosa übergehen. Allein das Versprechen auf Liebe schenkte uns den Mut zu träumen, unsere von Vorsicht beherrschten Bereiche zu verlassen und den Blick nach außen zu wenden: hin zu echter Erfahrung. Tatsächlich würden wir Erfahrungen nur dann machen, wenn wir uns ohne Einschränkung oder vertragliche Absicherung der romantischen Leidenschaft – also der Liebe – hingaben.

Das wussten wir, weil auch wir unser ganzes Leben lang *Anna Karenina, Madame Bovary* oder *Zeit der Unschuld* sowie Abertausende spießbürgerliche Versionen dieser Werke und unzählige Groschenromane gelesen hatten. In der Literatur hatten gute und große Schriftsteller wie auch mittelmäßige Unterhaltungsautoren die Abgründe der Gefühle ausgelotet, die den Leser sich lebendig fühlen ließen in der Gegenwart von Worten, die geschrieben worden waren, um die Liebe zu feiern. Wie jeder andere auch, der in der Mitte des zwanzigsten Jahrhunderts *Söhne und Liebhaber* las – und damit meine ich den gebildeten Durchschnittsleser –, empfand auch ich das Buch als Quintessenz der Überzeugung, Selbsterkenntnis durch die Sinne bedeute, zum wahren Kern der menschlichen Existenz vorzustoßen.

Als ich jetzt, im Alter, über Lawrences turbulente Version dieser weltbewegenden Illusion staunte, fragte ich mich beim Lesen, wie mir hatte entgehen können, dass die Charaktere in *Söhne und Liebhaber* selbst zutiefst verbittert über die Folgen eines Lebens sind, das sexuelle Leidenschaft postuliert – und das beinahe von Anfang an. Schon während sie mit Paul schwanger ist, beginnt Mrs Morel sich Gedanken zu machen. Es ist ihr ein Rätsel, wie es so weit hatte kommen können, »und die Aussicht auf ihr zukünftiges Leben löste in ihr das Gefühl aus, lebendig begraben zu sein.« Warum lebendig begraben? Weil sie, in geistiger Einsamkeit gefangen, in Entfremdung versinkt. »›Was habe ich denn damit zu tun?‹, fragte sie sich. ›Was habe ich mit alldem zu schaffen? Selbst mit dem Kind, das ich nun kriege! Ich zähle scheinbar doch gar nicht.‹«

Das war eine Aussage, an die ich mich gar nicht erinnern konnte. Und warum hätte ich mich daran erinnern sollen? Sie klang eher nach einer Frau aus den siebziger Jahren, umgeben von der Therapie-Kultur, statt von 1910, als die Freud'sche Idee des Ich gerade erst aufkam. Ich hatte Mrs Morel für eine frustrierte Person gehalten, deren obsessive Beschäftigung mit ihren eigenen verratenen Lebensträumen sie aller Vielschichtigkeit beraubt hatte; aber da ist sie, sehr wach, umgeben von endlosen Alltäglichkeiten und der tödlichsten Entbehrung von allen: der eines inneren Lebens, das abhanden gekommen ist.

Und dann ist da noch Morel selbst. Ich hatte ihn als Caliban in Erinnerung, dabei ist er bloß ein kindischer Mann, dessen Talent (sein einziges) für unschuldige Sinnlichkeit nach und nach vom Mangel an dem Einzigen, das aus ihm einen besseren Menschen hätte machen können, ausgehöhlt worden ist: dem an einer verständnisvollen Partnerin. In seiner Jugend war er ein hervorragender Tänzer gewesen, der die Musik liebte, mit einem Herzen, das sich nur nach Leichtigkeit sehnte. Doch auch er war eine Stimme, die in der Wüste rief, mit einem Kopf voller Chaos, weil er ein empfindsames Wesen ist, das nicht mit sich selbst sprechen kann, nicht die Worte hat, um sich seiner eigenen freudlosen Existenz zu nähern. (Ich werde scheinbar gar nicht mitgezählt.) Gerade diese Sprachlosigkeit macht es für ihn schwer, direkt nach der Arbeit nach Hause zu gehen, was seine Frau, obgleich sein Anblick ihr jetzt zuwider ist, wiederum empört und im Elend der Normalität doppelt gefangen hält: »(Sie) saß allein. Auf dem Herd dampfte der Topf, der Teller lag wartend auf dem Tisch. Das ganze Zimmer war voller Warten, Warten auf den Mann, der ohne Essen meilenweit von zu Hause in seinem Grubendreck irgendwo jenseits der Dunkelheit saß und trank, bis er besoffen war ... da er auf seinen schmutzigen und widerwärtigen Angewohnheiten beharrte, nur um seine Unabhängigkeit zu betonen. Es ekelte sie vor ihm.«

»Es ekelte sie vor ihm«, kann in diesem Buch gar nicht oft genug wiederholt werden. Auf Seite drei hasst Mrs Morel ihren Mann, auf Seite fünf ist sie voller Verachtung für ihn, auf Seite acht ekelt er sie an. Danach fängt alles wieder von vorn an, und diese Wiederholungen ziehen sich durch den ganzen Roman. Für ein Buch, das der »Liebe« gewidmet ist, wirkt der unablässige Zorn, der da Seite um Seite geschleudert wird, ernüchternd.

Ja, er ekelte sie alle an, aber sie *waren* auch er. Paul hätte sich eher ein Auge ausgekratzt, als zugegeben, dass er eine Charaktereigenschaft mit seinem Vater gemeinsam hat – daran erinnerte ich mich ganz sicher nicht –, trotzdem war er tatsächlich genauso launisch und dünnhäutig wie Mr Morel. »Er gehörte zu der Art von Jungen, die rüpel- oder lümmelhaft werden, sobald sie sich nicht verstanden oder unterschätzt fühlen, und die wiederum beim ersten Hauch von Wärme bezaubernd sind.« Irgendwo in seinem Inneren muss Paul wissen, dass alle Sinnlichkeit in ihm – egal, ob zärtlich oder brutal, und jederzeit bereit, aus ihm herauszuplatzen – von seinem Vater stammt. Doch hätte er sich erlaubt, über seine gespaltene Seele nachzudenken, hätte ihn das krank gemacht. Daher sorgt Lawrence dafür, dass er nicht nachdenkt, lässt dem Leser aber die Freiheit, es zu tun.

Und dann gibt es noch William, den faden William, dessen unglückliches Leben eine kleine dramatische Vorahnung der erotischen Katastrophen ist, die noch kommen werden. William hat die Seele eines Buchhalters: Beansprucht von seinem Schreibtischposten in London, der ihm Geld und einen höheren sozialen Status einbringen soll, kommt er immer seltener nach Hause, wie alle Kinder, die ihr Glück in der Stadt suchen. Dann bringt er mit Anfang zwanzig Lily zu einem Weihnachtsfest mit, eine Sekretärin, mit der er sich verlobt hat. Sie ist schön, und er ist ganz vernarrt in sie, scheint sich aber gleichzeitig auch permanent über sie zu ärgern, weil sie so eitel und dumm ist. Jetzt, da er sie durch die Augen seiner Mutter sieht, geht sie ihm plötzlich furchtbar auf die Nerven. Hin- und hergerissen von dem inneren Konflikt, streitet sich William bei der kleinsten Gelegenheit mit Lily, bereut sein schlechtes Benehmen, kann aber nicht verhindern, dass ihm das Blut gleich wieder erneut in den Kopf steigt: »… und später tat es ihm leid, er küsste und tröstete das Mädchen … (aber) abends nach dem Abendessen stand er auf dem Kaminvorleger, während sie auf dem Sofa saß, und schien sie zu hassen.«

Die Mutter ist schockiert, als sie sieht, was William da passiert – so kommt es ihr vor, etwas *passiert* ihm, wie in einer griechischen Tragödie. »Sie harkte im Feuer. Das Herz war ihr so schwer wie noch nie.« Sie selbst war durch sexuelle Anziehung in die Ehe gelockt worden, aber diese Art von Verzweiflung über deren Macht, einen Menschen zu versklaven – roh, offen, unkontrolliert –, die hatte in ihrer Generation niemand erlebt. Sofort empfindet sie das als weltbewegend.

Fast genauso wie der junge William selbst. Sein Verlangen nach Lily erscheint ihm widerlich. Es erniedrigt ihn und zwingt ihn zu Dingen, die er selbst verabscheut. Er weiß, dass Lilys Schuld allein darin besteht, sie selbst zu sein, trotzdem kann er nicht anders als sie für sein eigenes Elend verantwortlich zu machen. In einem Ausbruch von Verzweiflung, den er nicht kontrollieren kann, beklagt er sich bei seiner schockierten Mutter, dass Lily ihn im Falle seines Todes in wenigen Monaten vergessen haben würde, so oberflächlich sei sie. Leidenschaft, Leidenschaft, Leidenschaft: hart, hinterhältig, nervenaufreibend, weder sinnlich noch romantisch, nur kochend – wie hatte ich das vergessen können? –, eine Leidenschaft, die eher Krieg als Liebe ist: die Rohheit hinter dem Verlangen nach sexueller Ekstase, die unermessliche Qual, die Angst vor dem Ruin, Konsequenzen, die sich nie wieder rückgängig machen lassen. Wir haben es hier mit einem krassen und gnadenlosen Blick auf den Preis sexuellen Verlangens vor genau hundert Jahren zu tun. Unausweichlich musste ich jetzt bei der Lektüre von *Söhne und Liebhaber* an all die mittelmäßigen Romane über die Ehe denken, die H. G. Wells zur gleichen Zeit geschrieben hatte, und in denen er häufig denselben Konflikt in den Mittelpunkt seines Narrativs stellt: ein Junge aus der Arbeiterschicht, der nach sozialem Aufstieg lechzt, zugleich aber an seinem nicht vorhandenen Sexualleben verzweifelt und sich selbst überredet, das erstbeste Mädchen zu heiraten, das gewillt ist, mit ihm ins Bett zu gehen, Hauptsache, er heiratet es. Ausnahmslos fürchtet sich der Protagonist davor, eine solche Ehe einzugehen, doch seine Angst unterliegt dem mörderischen Verlangen. Wells kennt diese Situation bis ins kleinste Detail; jeder Leser kann verstehen, worüber er spricht, trotzdem vermag seine Prosa uns nicht die Qualen zu vermitteln, die einer solchen Situation innewohnen. Lawrences wenige Seiten über William und Lily hingegen durchdringen uns bis ins Mark und sprühen nur so vor Leben. William ist eine Figur, die mehr Ähnlichkeit mit einem von Wells Protagonisten hat als mit seinem eigenen Bruder Paul, dennoch lässt uns Lawrence um seinetwillen erschauern, denn das, was er in William sieht, beobachtet er überall und bei jedem.

Zum Glück für das Buch stirbt William kurz nach dem nervenaufreibenden Besuch, und es wird Paul überlassen, alles wieder ins Lot zu bringen. An ihm wird Lawrence genauestens erforschen, wie viel Hingabe entweder an das Fleisch oder an den Geist nötig ist, um das anzusprechen, was ich nun als das Hauptanliegen von *Söhne und Liebhaber* erkannte: wie man ein Ich von innen heraus konstruiert.

Die arme Miriam – und auch daran erinnerte ich mich nicht – wird in diesem Buch wirklich unfair behandelt. Auch sie sehnt sich nach einem echten Leben, einem, in dem sie sich selbst erfahren kann. Miriam ist sechzehn, als sie Paul begegnet, braune Augen, schwarze Locken, wunderschön und fromm, weil die Religion – genau wie vorher und nachher für Millionen von Frauen – der einzige verfügbare Inhalt ist, der sie aus der schmuddeligen Klaustrophobie einer Existenz erhebt, deren Horizont sie direkt vor Augen hat. Lawrence weiß genau um ihr Dilemma, aber er identifiziert sich so sehr mit seinem Protagonisten, dass er es sich nicht leisten kann, ihr die Sympathie entgegenzubringen, die sie zu einer wichtigeren Figur machen würde als der, die er braucht. Deshalb stellt er sie uns so vor:

(Sie gehörte) zu jenen »Frauen, die Frömmigkeit in sich speichern, sie mit jedem Atemzug einsaugen und das ganze Leben durch ihren Schleier wahrnehmen ... sie liebte zitternd und leidenschaftlich, wenn ein gewaltiger Sonnenaufgang am Westhimmel aufflammte ... oder saß allein oben in ihrer Schlafkammer, wenn es schneite. ... (Sie) erschauderte angesichts der Gemeinheit der anderen Chormädchen und der gewöhnlich klingenden Stimme des Hilfspredigers; sie kämpfte mit ihren Brüdern, die für sie nur rohe Tölpel waren ... Sie hasste ihre Stellung als Schweinehirtin. Sie wollte geachtet werden. Sie wollte lernen. Könnte sie lesen ... die Welt würde ihr ganz anders begegnen und sie mehr achten ... Ihre Schönheit – die eines schüchternen, wilden, ängstlich empfindsamen Wesens – galt ihr nichts. Selbst ihre schwärmerische Seele war ihr nicht genug. Sie wollte etwas, auf das sie stolzer sein konnte, denn sie fühlte, dass sie anders war als alle anderen Menschen.«

Dieses Gefühl von Andersartigkeit in Miriam ist für Lawrence eine Medaille, die zwei Seiten hat. Paul schreckt vor ihrer Religiosität zurück, doch als er sie in der Kirche sieht, ist ihm, »als würde sich in ihm seine Seele rühren«, denn sie erschien ihm als »etwas Wundervolleres, weniger Menschliches ... als etwas, das er nicht erreichen konnte.«
Es ist interessant – und irgendwie auch schmerzhaft – zu sehen, dass Miriams Unvollkommenheit auf Misstrauen stößt, während dieselbe (eigentlich viel schlimmere) Unvollkommenheit ihrer Brüder – diese wilden, hart arbeitenden Landarbeiter, die Miriam und ihre Mutter ständig mithilfe der Bibel zivilisieren wollen – eher gelassen analysiert wird. Obwohl die Jungen ihr »den ewigen Appell an ihre tieferen Gefühle übel nahmen, so übte er doch

eine gewisse Wirkung auf sie aus ... Gewöhnliche Menschen kamen ihnen hohl, seicht und nicht beachtenswert vor. Und daher waren sie zu ihrem eigenen Leidwesen den einfachsten gesellschaftlichen Umgang nicht gewohnt ... sie litten, fühlten sich jedoch unverschämterweise anderen überlegen« (genau wie Miriam).»Unter diesem allem lag die Sehnsucht nach Seelenverwandtschaft, die sie aber wegen ihrer eigenen Stumpfheit nicht erreichen konnten, und jeder Annäherungsversuch wurde durch ihre törichte Verachtung der anderen vereitelt. Sie sehnten sich nach unverfälschter Vertrautheit, konnten aber niemandem auch nur auf die gewöhnliche Art und Weise nahekommen, weil sie nicht den ersten Schritt tun wollten, weil sie jede Abgedroschenheit verachteten, die nun mal normalen menschlichen Umgang ausmacht.«

Das waren Gefühle, die auch Lawrence mal verächtlich, mal mitfühlend sein Leben lang vertrat, Gefühle, von denen er fürchtete, sie träfen auf ihn selbst und auch auf die Menschen zu, unter denen er aufgewachsen war. Folglich liebte, hasste und beutete er die Miriams für seine Zwecke als Schriftsteller aus, konnte ihnen aber das, was sie verdienten, weder geben noch verwehren. Stattdessen lässt er zu, dass Paul über diesem Dilemma den Verstand verliert. »Er verspürte allergrößtes Vergnügen, wenn er mit Miriam über seine Arbeit sprach. All seine Leidenschaft, all sein wildes Blut flossen in diese Gespräche ein ... Sie regte seine Einbildungskraft an.« Doch dann irritiert sie ihn.»›Warum kannst du nicht lachen‹, sagte er. ›Du lachst nie ein richtiges Lachen. Du lachst nur, wenn etwas sonderbar oder unstimmig ist, und dann scheint es dir eher weh zu tun. Wenn du lachst, möchte ich immer weinen; es zeigt mir, dass du offenbar leidest. Oh, du bringst meine Seele dazu, die Stirn zu runzeln und nachzudenken … Bei dir bin ich immer so verdammt geistig! … Und ich möchte gar nicht geistig sein!‹« Dann, entsetzt über sein eigenes schlechtes Benehmen, sieht er »… ihre Seele nackt in ihren großen dunklen Augen, und dieselbe flehentliche Bitte.« Lawrences Angewohnheit, den Protagonisten in einem einzigen Absatz sein Urteil zwei- oder gar dreimal revidieren zu lassen, ist in *Söhne und Liebhaber* allgegenwärtig. Es kennzeichnet nicht nur die routinemäßige Launenhaftigkeit einer Figur, sondern verdeutlicht auch die Qual im Herzen jeder Entscheidung, die aus gemischten Gefühlen herrührt, und als ich das Buch zum zweiten Mal, nein, nicht zum zweiten, sondern zum dritten Mal las, war ich erschüttert. Jetzt war ich alt genug und hatte die beunruhigende Verwirrung über mein eigenes sprunghaftes Verhalten immer wieder am eigenen Leib erlebt – am Morgen meiner ersten Hochzeit wurde ich um ein Haar von einem Lastwagen überfahren, weil ich noch immer ja, nein, ja, nein vor mich hin sagte, als ich die Straße überquerte und auch nicht stehen blieb, als die Ampel auf rot sprang: In diesem Moment spürte ich intuitiv den Schock von Lawrences scharfem Blick für das Stakkato emotionaler Verwirrung.

Als Paul Miriam schließlich dazu bringt, mit ihm zu schlafen, kommt es natürlich zur Katastrophe. Sie ficken eine volle Woche – denn das ist es, was sie tun, sie lieben sich nicht, sondern sie ficken –, doch jedes Mal fühlen sie sich anschließend beide allein, allein und verzweifelt. Was Miriam durchmacht, wissen wir nicht, im Gegensatz zu Paul: »Er musste stets, fast vorsätzlich, … aus seiner Stimmung heraus handeln. Und oft vermochte er das nicht, und dann trat nachher immer ein Gefühl des Versagens, des

Todes ein. War er wirklich bei ihr, dann musste er sich und seine Begierde ganz außer Acht lassen. Wollte er sie wirklich haben, dann musste er sie außer Acht lassen.«

Als ich das Buch zum zweiten Mal las, war ich fast schon dreißig, und erst da wurde mir bewusst, dass wir Miriam kein einziges Mal so sehen, wie sie sich möglicherweise selbst gesehen hat. Von Anfang bis zum Ende bleibt Miriam »das andere«, ein Wesen, das von Paul für seinen Kampf mit seinen eigenen Frustrationen immer nur benutzt wird. Er weiß nicht, was er von ihr will, aber was immer es ist, er bekommt es nicht, und nur darauf kann er sich konzentrieren. »Du willst nicht selbst lieben, dein ewiges und unnatürliches Sehnen ist es, dich lieben zu lassen ... Du saugst und saugst, als müsstest du dich ganz mit Liebe füllen, weil du irgendwo zu wenig davon hast«, wirft er ihr vor. Genau das denkt auch seine Mutter aus ihren eigenen Gründen über Miriam: »Sie ist nicht wie eine normale Frau, die mir meinen Anteil an ihm lassen kann. Sie will ihn ganz aufzehren. Sie will ihn herausholen und ihn aufzehren, bis nichts mehr von ihm übrig ist.« Und das dachte auch ich, als ich das Buch zum ersten Mal las, genau was ich beim Lesen über alle Frauen in allen Büchern dachte, die ich damals verschlang – ihr einziger Lebensgrund bestand darin, den männlichen Protagonisten, mit dem ich mich identifizierte, zu behindern. Die Möglichkeit, dass Miriam an derselben erstickenden Enge leidet, die Paul und Mrs Morel lähmt – dieser Gedanke kam damals niemandem von uns in den Sinn.

Dann betritt Clara die Bühne, eine Feministin aus der Arbeiterschicht der 1880er Jahre, gebildet und erfahren genug, um sich ebenfalls als »anders« zu empfinden. Im Unterschied zu Miriam strahlt Clara eine arrogante

Zurückhaltung aus, die sie geheimnisvoll und aufregend erscheinen lässt – auch wenn sie nur ein Bündel nervtötender Widersprüchlichkeiten ist: lebenshungrig, aber dennoch ängstlich und misstrauisch gegenüber jedem, der ihr nahe kommt. Trotzdem verliebt sie sich in Paul und schläft mit ihm. Mit Clara erlebt er schließlich einen wahren Sexrausch, zusammen mit ihr geht er unter. Im Bett mit ihr lässt er seine Jugend hinter sich – er ist dreiundzwanzig! –, und die verstörende Komplexität des Lebens mit all ihrer schillernden Unsicherheit ergreift allmählich Besitz von ihm.

Wenn Paul und Clara miteinander schlafen, ist die Leidenschaft zwischen ihnen nicht nur rauschhaft, sondern geradezu welterschütternd: »Nach einem solchen Abend waren sie immer sehr still, denn sie kannten nun die Unermesslichkeit der Leidenschaft ... ängstlich, kindlich und verwundert wie Adam und Eva, als diese ihre Unschuld verloren und die Herrlichkeit jener Kraft erkannten, die sie aus dem Paradies verjagte und durch die große Nacht und den großen Tag der Menschheit trieb ... Wenn eine so gewaltige Macht sie überwältigen, sie ganz in ihren Bann ziehen konnte, sodass sie begriffen, sie waren nur winzige Bestandteile jener Energie, die jeden Grashalm zu seiner Höhe brachte und jeden Baum und jedes Lebewesen, warum sich dann grämen? Sie konnten sich vom Leben treiben lassen ... Da war eine Bestätigung, die sie zusammen erlebt hatten. Nichts konnte diese aus der Welt schaffen, nichts konnte sie ihnen nehmen ...«

Nein?

Nur wenige Monate später und zehn Seiten weiter: »Und in dem Bewusstsein, dies halte ihn bei ihr, vertraute Clara vollständig der Leidenschaft.« Die jedoch begann sie zu verlassen. »Nicht oft erreichten sie jene Höhen wieder«

wie damals, als sie Überwältigung erlebten.«Allmählich verdarb irgendwelche ganz gedankenlose Anstrengung ihren Liebesgenuss, oder sie durchlebten ihn getrennt und nicht so befriedigend ... Einmal »verließ (Paul) sie mit der Erkenntnis, der heutige Abend habe nur einen kleinen Riss zwischen ihnen zustande gebracht. Ihre Liebe wurde gedankenloser, verlor ihren wundervollen Glanz.« Noch im selben Jahr trennten sie sich.

Es sind Passagen wie diese beiden, die die Modernität des Buches ausmachen. Die Moderne zwang alle Schriftsteller, die *ganze* Wahrheit niederzuschreiben, was ihrer Meinung nach an der menschlichen Seele nagte: nicht nur Trauer und Chaos, sondern auch Sadismus, Entfremdung und die Flüchtigkeit der Leidenschaft. Heute bin ich überzeugt, dass Lawrence Letzteres sah, als *Söhne und Liebhaber* erschien – er war damals siebenundzwanzig –, doch die Erkenntnis allein konnte dem Druck des anderen, das er ebenfalls sah und das zu einer lebenslangen Besessenheit werden sollte, nicht standhalten: dass man sich am Leben versündigte, wenn man sich der Erfahrung der Sinne beraubte, wie es die bürgerliche Gesellschaft verlangte.

Lawrence wusste in dieser Hinsicht nicht mehr als Thomas Hardy, H. G. Wells oder George Meredith: alles erwachsene Schriftsteller. Was ihn von den anderen unterschied, war jedoch die Dringlichkeit, mit der er darauf beharrte, offenzulegen, was sie alle wussten, aber nicht direkt zu thematisieren vermochten. Er war wie ein Anhänger der Sklavenbefreiung unter eher liberalen Gegnern der Sklaverei, die sagen, ja, ja, die Sklaverei ist schrecklich, aber mit der Zeit wird sie aussterben, habt nur Geduld. Der wahre Sklavenbefreier sagt, zum Teufel damit, jetzt oder nie, und zieht in die Schlacht.

Und es stimmte: Sich schlecht zu fühlen, aber hinzunehmen, was einen geistig verbiegt, ist die mittelmäßige Norm; dagegen vorzugehen, heißt, sich in ein Werkzeug revolutionärer Veränderung zu verwandeln. In der Literatur macht man das, indem man das Verbrechen gegen die Natur beim Namen nennt, ohne Mitleid, Vorsicht oder Euphemismen, und energisch zurückweist, was W. H. Auden als »Trägheit oder Angst« bezeichnete, »die die Menschen dazu veranlasst, Erfahrungen aus zweiter Hand dem Schock vorzuziehen, selbst hinzusehen und zuzuhören.«

Als ich *Söhne und Liebhaber* zum dritten Mal las – das war Anfang der siebziger Jahre –, war ich gerade dabei, mich von meinem zweiten Ehemann scheiden zu lassen. Jeder in meiner Umgebung – Freunde, Verwandte, sogar Nachbarn – nahm sich das Recht, mir vorzuhalten: »Warum tust du das? Was *willst* du denn eigentlich?« Die Antworten klangen auch in meinen eigenen Ohren wenig überzeugend. Warum hatte ich ihn verlassen? Immerhin war ich nicht mit einem Mann verheiratet, den ich nicht liebte, ich war nicht gezwungen gewesen, mich zwischen Arbeit und Ehe zu entscheiden, unser Sexleben war in Ordnung. Doch die Epoche hatte mich ermutigt, einen neuen und furchtloseren Blick auf das zu werfen, wozu ich mich nun gedrängt fühlte. Und mich in dieser Phase irgendwie noch einmal mit dem grauenvollen Leben der Morels zu befassen, fühlte sich an, als hätte es stark mit der vor mir liegenden Aufgabe zu tun.

Ich hatte – zweimal! – geheiratet, denn als ich jung war, wurden alleinstehende Frauen stigmatisiert; sie galten als unnatürlich, unerwünscht, un-alles-mögliche. Trotzdem hatte ich jedes Mal das Gefühl zu schrumpfen, wenn man mich als die Hälfte eines Paars betrachtete – ich zuckte sogar zusammen, wenn man mich mit »Mrs« ansprach –, und obwohl ich meine Schwiegereltern wirklich mochte, konnte ich dem Familienleben nichts abgewinnen: Ich fand es sterbenslangweilig. Am schlimmsten war es, wenn ich an einem gemütlichen Abend mit meinem Mann allein zu Haus war und mich lebendig begraben fühlte. Die Wahrheit war, ich *wollte überhaupt nicht verheiratet sein.* Ich blätterte die Seiten von Lawrences großartigem Buch um, als läse ich Braille, und hoffte, mich von meiner emotionalen Blindheit zu befreien, so wie er darin seine Leser aufforderte.

In den sieben Jahren nach der Veröffentlichung von *Söhne und Liebhaber* schrieb Lawrence seine beiden berühmten Meisterwerke *Der Regenbogen* und *Liebende Frauen.* Als er damit anfing, erklärte er, dass er nicht wieder so schreiben werde wie über die Morels: anschaulich und transparent. Nein, jetzt wollte er etwas erschaffen, das er für bedeutend hielt, für wild, groß und mythisch. Und das tat er. In diesen Büchern hat er auf brillante Art das Verbrechen dargestellt, Gefühle zu unterdrücken – hier bestätigt sich sein unvergleichliches Genie. Doch der Teil von ihm, der an das ewig Gute erotischer Freiheit glauben will, stürzt ihn, wie jeder Leser spürt, ins Chaos. Was er in diesen Romanen schreibt, ist wie ein Fieber, weil er vermutet, dass das, auf dessen Wahrheit er besteht, womöglich doch nicht wahr sein könnte.

Lawrence schrieb zu Beginn des Freud'schen Jahrhunderts, in einer Zeit, als die westliche Kultur kurz davor stand, ihr eigenes inneres Martyrium zu akzeptieren. Seine Metapher – die Unterdrückung der Erotik – sollte tatsächlich der Keil werden, den die Moderne benutzte, um das unerforschte Terrain menschlichen Bewusstseins aufzubrechen. Heute stünde Lawrence diese Metapher nicht zur Verfügung, denn inzwischen verfügen wir über reichlich Erfahrung mit sexueller Freiheit, die uns einst verwehrt war, und haben am eigenen Leibe erfahren, dass die Konstruktion des Ich von innen heraus nicht allein durch die Sinne erlangt werden kann. Sexuelle Ekstase führt uns keineswegs zu unserem Ich, im Gegenteil, man muss bereits ein Ich haben, um zu wissen, was man damit machen soll, falls man sie erlebt.

Diese Einsicht jedoch war für uns alle noch ein halbes Jahrhundert entfernt. Die Sehnsucht, ein Leben aus der Erfahrung einer großen Leidenschaft heraus zu schmieden – wie auch immer das Ergebnis aussehen mochte und welcher Preis dafür zu zahlen wäre –, spukte in der Vorstellung meiner Generation umher, die sich nach einem Leben in Großformat sehnte; und niemand sehnte sich mehr danach als anspruchsvolle, junge Literatinnen wie ich, für die das Ideal ein besonderes Gewicht hatte.

2

Mit Mitte zwanzig – und in puncto erotischer Erfahrung noch immer ahnungslos – war ich wie viele meiner Klassenkameradinnen begeistert von Colette. Jahrelang sogen wir ihre Worte in uns auf wie von Ehrfurcht ergriffene Studentinnen in Gegenwart einer Lehrmeisterin. Wir lasen sie, um besser zu begreifen, wer wir waren und wie wir angesichts unserer eingeschränkten Umstände leben sollten. »Umstände« bezog sich natürlich darauf, dass wir Frauen waren, und da es sich mit allem anderen genauso verhielt, war die Liebe (wie man uns von Kindheit an eingetrichtert hatte) das Spielfeld, auf dem unsere spezielle Schlacht mit dem Leben stattfinden würde. Unserer Meinung nach hatte keine andere lebende Schriftstellerin unsere Situation so gut erfasst wie Colette. Keine konnte ihr auch nur annähernd das Wasser reichen. In ihrem Werk konnten wir uns sehen, nicht, wie wir waren, sondern wie wir wahrscheinlich werden würden. Es war dieses Potenzial an Selbsterkenntnis, was uns an Colettes Romanen so faszinierte. Sie loteten eine Tiefe des Verstehens aus, die anders war als alles, was uns bislang begegnet war. Sie schien zu wissen, was sich *tatsächlich* im Innern einer Frau abspielte, die sich »im Taumel der Gefühle« wiederfand. Ihre Klugheit fesselte uns an die Buchseiten, bündelte die zerstreute, rasende Unaufmerksamkeit und machte *Liebende Frauen* (D. H. Lawrence) zu einem ebenso ernsten Thema für den modernen Roman wie *Krieg und Frieden* (Leo Tolstoi) oder *Auf der Suche nach Gott* (C. S. Lewis). Wer in den fünfziger Jahren Colette las, vergaß den Aufruhr in seinem Innern, und in seiner Mitte sammelte sich eine große Stille, damit sich die Tür zur *conditio humana* öffnete.

Natürlich waren wir uns einig, dass *Chéri* und *Chéris Ende* – die aufeinanderfolgende Geschichte einer alternden Kurtisane und ihres herzlosen jungen Liebhabers – Colettes Meisterwerke waren, doch die beiden Bücher, die sich mir unauslöschlich einprägten, waren *La Vagabonde* und *Die Fessel*. Hier dramatisierte Colette die »Umstände« durch die (offen autobiografische) Stimme einer dreiunddreißigjährigen Frau – geschieden, sexuell erfahren, allein lebend (schon diese Identität machte sie aufregend) –, die als Schauspielerin mit einer Theatergruppe umherzieht, aber innerlich zutiefst zerrissen ist. Warum? Weil sie sich mit der Frage herumschlägt, ob sie eine unabhängige, arbeitende Frau sein soll oder eine, die vor den Qualen der Liebe kapituliert. In dieser Stimme entdeckten wir eine glamouröse Einsamkeit, die wir uns als emblematisch für die zeitgenössische Frau vorstellten: Zwar konnte sie die Verzweiflung einer unglücklichen Ehe abschütteln, musste dann aber feststellen, dass mit der Befreiung von den Konventionen das Potenzial für eine andere Art von Verzweiflung wuchs, eine, die bei Colette extrem romantisch erschien.

Folgende Passage aus *La Vagabonde* konnte ich jahrelang auswendig:

So bin ich also! Heute Abend werde ich wohl nicht mehr dem großen Spiegel entwischen können, dem Selbstgespräch, dem ich hundertmal ausgewichen bin,

das ich begonnen habe, vor dem ich geflohen bin, um es doch wieder aufzunehmen und schließlich zu Ende zu führen ... Ach, ich fühle schon im Vorhinein, wie fruchtlos jeder Widerstand ist. Heute Abend werde ich gewiss nicht schläfrig werden und das Buch wird mich nicht von mir ablenken. Das ist also mein wahres Ich. Allein, ganz allein, und das zweifellos fürs ganze Leben. Schon allein! Ganz allein! Es sieht fast aus, als beklagte ich mich darüber!?
›*Wenn du ganz allein lebst*‹*, sagte mir einmal Brague,* ›*so nur deshalb, weil dir das lieber ist, oder?*‹ *Sicherlich ist es mir* ›*lieber*‹*! Noch mehr: ich will es! Aber ... es werden Tage kommen, an denen die Einsamkeit für eine Frau meines Alters ein starker Wein ist, der einen trunken macht vor Freiheit, und dann ist sie wieder eine bittere Medizin, und an manchen Tagen sogar ein Gift, dass man mit dem Kopf gegen die Wand rennen möchte ...*

Wie sehr hallte das Drama – die reine Poesie! – dieses Szenarios in mir wider, als ich dreiundzwanzig war. Renée Néré, die erstaunlich offene Erzählerin in *La Vagabonde* und *Die Fessel,* ist eine Frau, deren zersplitterte Identität einen zentralen Punkt ihrer Existenz bildet. Sie hat Bücher geschrieben, sich von einem tyrannischen Ehemann getrennt und ist Schauspielerin geworden, doch der Halt, den sie in ihrer neuen Unabhängigkeit gewonnen hat, ist offenkundig fragil. Nehmen wir zum Beispiel ihr eigenartiges Verhältnis zum Schreiben. Obgleich sie schon zwei Bücher veröffentlicht hat, ist das Schreiben für Rénée eine

Flucht. Warum? Weil die Motivation einfach nicht stark genug ist:

> Wohl empfinde ich von Zeit zu Zeit den Drang – quälend wie Durst im Sommer – etwas festzuhalten, zu beschreiben ... Doch das ist nur eine kurze Krise – das Jucken einer Narbe ...
> Zum Schreiben braucht man zu viel Zeit! Und dann bin ich ja kein Balzac! ... Die zartgefügte Erzählung zerrinnt, wenn ein Lieferant läutet, wenn der Schuhmacher die Rechnung bringt, wenn der Rechtsanwalt anruft, wenn der Theateragent mich in sein Büro bestellt.

Wieder so eine Situation, die meine Freundinnen und ich sehr gut kannten ... und eine, die mich durch die kommenden Jahre begleiten würde.

So sehr sie sich wünscht, frei zu sein, und so sehr sie Freiheit mit Arbeit verbindet, immer wieder wird Renées Entschlossenheit von ihrer widersprüchlichen Sehnsucht nach Liebe untergraben. Egal, wie sehr eine Frau auch kämpfen mag, sagt Colette, immer wird sie hin- und hergerissen sein zwischen dem Verlangen nach Unabhängigkeit und dem noch größeren Verlangen nach Leidenschaft. Das ist das Dilemma, dem Renées eigentliches Interesse gilt. Liebe ist gekommen, und Liebe ist gegangen: Sie kennt ihre Freuden und Leiden in- und auswendig. Sollte sie ihr noch einmal begegnen, fragt sie sich ein ums andere Mal, wird sie dann dem Gesang der Sirene nachgeben oder wird sie ihm widerstehen? Sie sinnt über die emotionale Sklaverei nach, die das Verlangen impliziert: die Sehnsüchte, die Ängste, das Potenzial an Erniedrigung. Trotzdem ist die Verlockung groß. Der innere Kampf bringt die Erregung einer Grenzüberschreitung mit sich.

Dieses innere Hin und Her – soll man der Liebe widerstehen oder nicht – ist das Thema der beiden Romane, das Renée Néré mit beachtlicher Entschiedenheit vorträgt. In *La Vagabonde* wird sie ihr widerstehen, in *Die Fessel* vor ihr kuschen. Ersteres befriedigte uns, Letzteres schockierte uns, dennoch waren wir gebannt. Was am Ende zählte, war die Relevanz erotischer Besessenheit in Colettes Version – die wir natürlich alle als Liebe bezeichneten. In diesen Werken, in denen Liebe ganz groß geschrieben wird, bedeutet sie Herrlichkeit und Verzweiflung im Leben einer Frau; beides zugleich zu erleben (was *dachten* wir uns da eigentlich!), hieß so viel wie Transzendenz zu erreichen. »Welche neuen Qualen haben Sie mir wieder bereitet?«, sagt Colette zu der Freundin, die sie mit einem neuen Liebhaber bekannt gemacht hat. »Qualen«, setzt sie ehrfürchtig hinzu, »die ich nicht für die seligsten Freuden hingäbe.« Liebe ist das himmlische Stigma, auf das Colettes einzigartige Beobachtungsgabe von Anfang an geschult war.

Als ich diese Bücher nach einen halben Jahrhundert zum ersten Mal neu las, empfand ich die Erfahrung als beunruhigend. Etwas völlig Unerwartetes geschah: Die Lektüre hinterließ den bitteren Nachgeschmack von revidierten Gefühlen. Dieses Mal dachte ich: Wunderbar, wie Colette Renée beschreibt – ihre krankhafte Unsicherheit, ihre endlose Fantasterei, die morbide Beschäftigung mit dem eigenen Altern –, aber wie oberflächlich sie uns heute erscheint. Immer wieder führen Renées Überlegungen nur zu einem Ich, das nicht durchblickt – und die Gedanken der Schriftstellerin offenbaren, dass sie ohne jeden Zweifel ebenso ahnungslos ist wie ihre Charaktere.

Was mir am meisten auffiel – die größte Veränderung in meiner Haltung gegenüber diesen Romanen –, war das Gefühl, dass alles in einem Vakuum stattfindet. Als ich Colette zum ersten Mal las, schien sich die ganze Welt um etwas zu drehen, was ich für die Weisheit der Erzählerin hielt. Jetzt kam mir diese Weisheit eingeschränkt und beengt vor. Nur ihre Eitelkeit verschafft ihr einen wie auch immer gearteten Einblick in eine Beziehung. Ohne zu merken, dass sie ihre Liebhaber nur instrumentalisiert, erkennt sie problemlos, dass sie selbst die Männer überhaupt nicht einschätzen kann, und verurteilt sie insgeheim schnell für eine emotionale Leere, die sie bei sich selbst nicht entdeckt: Woher kommt es, dass er ... in mich verliebt ist?, denkt sie von Max, ihrem Liebhaber in *La Vagabonde*.

Woher kommt es, dass er sich nichts daraus macht, mich kaum zu kennen ... Aber er interessiert sich auch wenig dafür, mein Wesen kennenzulernen, und ich merke, dass er den Lichtreflexen in meinem Haar mehr Aufmerksamkeit schenkt als meinen Worten ... Wie sonderbar ... Da sitzt er neben mir ... (Aber) er sitzt ja gar nicht neben mir, tausend Meilen ist er von mir entfernt! Jeden Augenblick bin ich nahe daran, aufzuspringen und ihm zuzurufen: »Weshalb sind Sie denn hier? Gehen Sie weg.« Aber ich tue es doch nicht. Liest er? ... Arbeitet er? Ist er ein nachdenklicher Mensch? Ich glaube, dass er zu jener Kategorie Menschen gehört, der man sehr oft begegnet. Sie haben für alles Interesse und eigentlich ist ihnen alles gleich. Soll ich meinen Anbeter schildern? Er ist nicht geistreich, besitzt aber eine rasche Auffassungsgabe, beherrscht die Sprache sehr gut, und seine warme Stimme kommt ihm dabei zugute. Er lacht gern und ist fröhlich wie ein Kind, eine Eigenschaft, die er mit vielen Männern teilt.«

In *Die Fessel* ist Renée vier Jahre älter, sie hat die Schauspielerei aufgegeben, noch unglücklichere Erfahrungen gemacht und kann noch weniger mit sich selbst anfangen. Was bleibt ihr anderes übrig, als eine Affäre mit Jean zu beginnen, einem Mann, den sie ebenso wie Max beschreiben könnte, nur dass jetzt die Verbindung ganz offen sexueller Natur und daher zwangsläufig lehrreich ist: »Unsere aneinandergeschmiegten Körper haben gebebt und werden sich bei der nächsten Berührung daran erinnern, während sich unsere Seelen wieder in unaufrichtiges und bequemes Schweigen hüllen werden ... Schon haben wir gelernt, dass wir uns umarmen und schweigen müssen, sobald unser Geist erwacht oder unser Gewissen: Die Umarmung gibt uns das Gefühl, vereint zu sein, und das Schweigen lässt uns an Frieden glauben.« Aber als sich der Nebel sexueller Anziehung lichtet, als sie da liegen und sich anschauen, sind sie einander genauso fremd wie zuvor, als sie ihre Kleider auszogen, und da kommt sie zum ersten Mal ins Grübeln: »Ich habe dem Geliebten ... Unrecht getan, dass ich mich ihm hingab und glaubte, dies sei genug. Er hat Gleiches mit Gleichem vergolten. ... denn in der Umarmung teilt man sich ja nichts mit ... Unsere Liebe, die in Schweigen und Umarmung begonnen hatte, endete in Umarmung und Schweigen.«

In dieser Passage breitet Colette die Angst vor der Verliebtheit aus, die jeden befällt, der vermutet, dass er (wunderbarerweise, erschreckenderweise) nur der Katalysator für die Begierde eines anderen ist. Diese Angst ist etwas, das Colette aus dem Effeff kennt – die Klugheit im Zentrum all ihres Ruhms – und zugleich unübersehbar die Quelle ihrer obsessiven Sorge vor dem Altern. Auf den ersten Seiten von *La Vagabonde* starrt Renée erbarmungslos in den Spiegel. Sie ist dreiunddreißig Jahre alt, und der befürchtete Verfall nagt bereits an ihr. Am Ende des Romans, als Max ihr endlich einen Heiratsantrag macht, der lebenslange Sicherheit verheißt, beendet sie die Affäre mit einem klärenden Brief, der in der Weltliteratur seinesgleichen sucht:

... ich bin ja keine junge Frau mehr. Stell Dir es nur einmal vor, Geliebter! In ein paar Jahren bist Du ein reifer, schöner Mann – und ich? Stell Dir mich vor: vielleicht noch schön, aber schon verzweifelt und verbissen mit allen Mitteln darum kämpfend, unter Schminke und Puder, die jugendliche, nicht haltbare Farben vortäuschen ... Stell Dir eine voll erblühte Rose vor, die man nicht berühren darf! Dann wird ein einziger Blick, den Du einer jungen Frau zuwirfst, genügen, um auf meinen Wangen die Furche zu verschärfen, die dort das Lächeln eingegraben hat. Aber selbst eine Nacht, die ich selig in Deinen Armen geruht habe, wird meine schwindende Schönheit noch mehr zerstören. ... Diesem Brief fehlt eines: eine lange Einleitung, alle Gedanken, die ich vor Dir verberge, die mich seit vielen Tagen vergiften. ... Ach, wie jung

Du bist, schlimmer noch als jung, weil Du ja keinen anderen Schmerz kennst als den, auf mich warten zu müssen ... nicht zu besitzen, was Du Dir wünschst, das sind schon Höllenqualen für Dich. Und viele Menschen wehren sich ihr Leben lang nur gegen diese Qualen ... Wenn man aber das besitzt, was man liebt, und fühlen muss, dass in jeder Minute das einzige Gut sich auflöst, schmilzt und zwischen den Fingern zerrinnt wie Goldstaub ... Und doch nicht den furchtbaren Mut aufbringen kann, um die Hand zu öffnen und den ganzen Schatz fahren zu lassen! Im Gegenteil, man presst die Finger immer stärker zusammen und schreit und bittet: Lasst mir nur ein einziges kostbares Stäubchen Gold in meiner Hand.«

Wer, wenn nicht Colette hätte dieses Porträt einer Frau – Säure auf Zink – formulieren können, die in eine ausschließlich Frauen vorbehaltene Hölle blickt? Und wer, wenn nicht Colette hätte so vollkommen daran scheitern können, sie zu enthüllen? Warum, fragte ich sie, hast du die Dinge nicht vernünftiger betrachtet? Ja, ich habe das Gefühl, dass du eine intelligente Frau bist, die im Taumel romantischer Leidenschaft gefangen ist, und das ist starker Tobak. Heute aber ist sexuelle Leidenschaft bloß ein Zustand, keine Metapher; wie eine Geschichte, die mit sich selbst anfängt und auch so endet und ansonsten keine Bedeutung hat. Sagen wir es so: Welche junge Frau von heute könnte Colette so lesen wie ich, als ich jung war? Die Frage erübrigt sich von selbst.

Nur ein einziges Mal hat Colette um ein Haar erotische Liebe als Mittel zum Zweck statt als Selbstzweck eingesetzt, und das, seltsam genug, durch die bemerkenswerte Figur des androgynen Chéri, der mir nach einer erneuten Lektüre der Chéri-Bücher emblematisch für das erschien, was ich inzwischen für den Subtext hielt, der unverändert unter der Oberfläche von allem schlummerte, was Colette zu Papier gebracht hat.

Die Geschichte ist banal. Sie spielt im Paris der Jahrhundertwende. Léa, wohlhabend und schön, eine neunundvierzigjährige ehemalige Kurtisane, lebt mit Chéri zusammen, einem fünfundzwanzigjährigen Jüngling. Léas Vermögen stammt ausschließlich von den Männern, deren Mätresse sie über die vielen Jahre ihrer unglaublich erfolgreichen Karriere war. Ihre einzige Welt ist die von Frauen wie sie selbst, die sich auf ihre eigene Gesellschaft beschränken, weil sie keinen Zugang zu irgendeiner anderen haben. Chéri ist der schöne, launische, emotional verkümmerte Sohn einer dieser alternden Kurtisanen: genauso eitel, sinnlich und materialistisch wie seine Mutter. Léa kennt ihn von klein auf. Als er neunzehn wurde und sie dreiundvierzig, entflammte die sexuelle Anziehung zwischen ihnen, und sie nahm Chéri bei sich auf. Viele Jahre kamen sie perfekt miteinander aus. Eine Welt jenseits der unmittelbaren Lust existiert für keinen von beiden.

Aber als die Geschichte beginnt, ist Chéri – der jetzt seit sechs Jahren mit Léa zusammen lebt – kurz davor, in eine arrangierte Ehe mit der Tochter einer der reichen Freundinnen seiner Mutter (ebenfalls einer ehemaligen Kurtisane) einzuwilligen, womit Léa und er ihr Arrangement beenden müssten. Er bittet sie, ihn zu verstehen: So gern er mit ihr zusammen ist, er kann nicht sein Leben lang ihr Sexspielzeug sein. Natürlich, antwortet sie, natürlich. Geh, du musst gehen.

Chéri heiratet, und damit beginnt für Léa und ihn ein schmerzhafter Leidensweg, den sie sich beide nicht haben vorstellen können. Mit der Zeit stellt sich heraus, dass sich beide zum ersten und einzigen Mal in ihrem leeren Leben verliebt hatten. Nach einem Jahr der Trennung taucht Chéri mitten in der Nacht in Léas Schlafzimmer auf und erklärt ihr, dass er ohne sie nicht leben kann. Sie fallen sich in die Arme und lieben sich leidenschaftlich ... und dann wird es Tag. Während sich Léa darauf freut, ihr altes Leben mit ihm wieder aufzunehmen, erkennt Chéri plötzlich, dass er mit einer alten Frau im Bett liegt. Dann sieht sie, was er sieht. Es folgen zwanzig außergewöhnliche Seiten – die Dynamik ist ein literarisches Meisterstück –, die die Zeit über den Verlauf eines Morgens nachzeichnet, an dem beide zu der Einsicht gelangen, dass sie sich endgültig trennen müssen.

Fünf Jahre vergehen, während denen der Erste Weltkrieg stattfindet, und die Welt, die ihre zynische Unschuld beschützte, zu Asche zerfällt. Dann tritt Léa unerwartet in den Hintergrund, und Chéri rückt in den Mittelpunkt. Er ist vollkommen stumpf aus den Schützengräben zurückgekehrt: ein lebender Toter. Nichts und niemand kann ein Fünkchen von Gefühl oder anhaltende Aufmerksamkeit in ihm auslösen. Seine alte Freude an Autos, Kleidern und Frauen ist dahin. Er lebt mit seiner Frau, doch statt sie anzusehen, blickt er durch sie hindurch. Er trinkt keinen Wein mehr, Wasser ist gut genug. Jeden Tag zieht er sich an, frühstückt und verlässt das Haus, als hätte er ein Ziel, irrt aber nur ziellos durch die Straßen der Stadt. Am Ende verfällt er dem Opium und bringt sich kurz darauf um.

Hinter der Leere in Chéris Augen verbirgt sich ein Abgrund an emotionaler Distanz, die, so wie Colette sie darstellt, plötzlich schockierend alt erscheint; nicht nur alt, sondern uralt. Es ist, als hätte der Krieg das, was von Geburt an da war, freigelegt, nicht nur in Chéri, sondern in der Menschheit an sich. Dreißig Jahre später, nach einem weiteren Weltkrieg, wird sich Chéri in Camus' *Der Fremde* verwandeln. Jetzt, im Jahr 1922, steht er für die Zeit als existenzielle, menschliche Erfahrung.

Zum Erscheinen von *La Vagabonde* im Jahr 1910 hatte André Gide Colette einen überschwänglich bewundernden Brief geschrieben und es zu einem perfekten Buch erklärt. In den nächsten vierzig Jahren wurde ihr Werk von allen führenden literarischen Kritikern in Europa und Amerika im selben Geist rezipiert. Man liebte Colette nicht nur wegen ihrer meisterhaften Beherrschung der französischen Sprache, sondern auch, weil ihre Leser überzeugt waren, dass sie in ihren Büchern etwas Grundlegendes und Unabänderliches beim Namen nannte, das man zuvor nicht angesprochen hatte – und in mancherlei Hinsicht stimmte das auch. Doch jetzt, zu Beginn des einundzwanzigsten Jahrhunderts, haben Leser wie ich das Gefühl, dass sie das zentrale Unbehagen, das im Mittelpunkt ihres Werkes steht, nicht richtig identifiziert hat. Als ich jetzt die Chéri-Bücher nochmals las, erkannte ich, dass Chéris Anomie Colettes eigentliches Anliegen ist. Anomie steckt hinter der Intensität der in Großbuchstaben beschriebenen Liebe. Anomie ist der Grund, weshalb ihre Charaktere sich hinter der Erotik verschanzen. Anomie ist der Grund, warum das Verhältnis zur Sinnlichkeit so allumfassend wird, dass Colette den Schauer des Orgasmus als »kleinen Tod« bezeichnet.

Anomie und Begierde: eine Spezialität in der französischen Literatur, die sich bis zum Erscheinen von *Gefährliche Liebschaften* im Jahr 1782 zurückverfolgen lässt und mit dem Werk von Marguerite Duras mindestens bis zur Mitte des zwanzigsten Jahrhunderts reicht. Denn was ist Marguerite Duras' Werk am Ende, wenn nicht eine fortwährende Studie des Begehrens, die eng mit Selbstentfremdung verbunden ist? Eine wichtige Komplikation kommt noch hinzu: Da Duras weit ins Freud'sche Jahrhundert hinein schreibt, konnte sie die Ursprünge der Loslösung vom brutal fehlgeschlagenen Konzept der heilen Familie unmöglich ignorieren.

3

Sehr bald in meinem Leben war es zu spät. Mit achtzehn war es zu spät. Zwischen achtzehn und fünfundzwanzig nahm mein Gesicht eine unerwartete Richtung. Mit achtzehn bin ich gealtert ... Statt darüber erschrocken zu sein, verfolgte ich dieses Altern meines Gesichtes mit der gleichen Neugier ... Die Leute, die mich im Alter von siebzehn, während meiner Reise nach Frankreich, kannten, waren beeindruckt, als sie mich zwei Jahre später mit neunzehn wiedersahen ... es hat die Konturen bewahrt, doch sein Stoff ist zerstört. Ich habe ein zerstörtes Gesicht.

Die Erzählerin in Duras' Roman *Der Liebhaber* hätte leicht Chéri in seiner Pariser Wohnung begegnen können, wo er regelmäßig Opium rauchte und schließlich Selbstmord beging: Sie sind vom gleichen Schlag. Ich dagegen hätte das niemals verstehen können, bevor ich selbst alt genug war, um im Licht der Erkenntnis, die einem nur die Zeit zu schenken vermag, zuerst Colette und anschließend Duras erneut zu lesen.

Als ich acht Jahre alt war, schnitt meine Mutter ein Stück Stoff aus einem Kleid, das ich zur Geburtstagsfeier einer Freundin hatte anziehen wollen. Mit der Nähschere schlitzte sie das Oberteil des Kleids auf, das mein Herz bedeckt hätte, wenn ich eins gehabt hätte, wie sie sich ausdrückte. »Du bringst mich noch um«, heulte sie mit zusammengekniffenen Augen und geballten Fäusten, wenn ich ihr nicht gehorchen wollte oder eine Erklärung verlangte, die sie nicht liefern konnte, oder wenn ich um etwas bettelte, was sie mir nicht geben würde. »Wenn du so weiter machst, falle ich gleich tot um«, schrie sie an diesem Tag. »So herzlos bist du!« Es erübrigt sich, darauf hinzuweisen, dass ich nicht zu der Geburtstagsfeier ging. Stattdessen weinte ich eine ganze Woche über diesen Vorfall und beschäftigte mich noch fünfzig Jahre später damit.

»Wie konntest du einem Kind so etwas antun?«, fragte ich sie regelmäßig, einmal mit achtzehn, das zweite Mal mit dreißig und dann noch einmal mit achtundvierzig.

Das Komische war, dass meine Mutter jedes Mal, wenn ich darauf zu sprechen kam, behauptete, der Vorfall sei nie passiert. Dann sah ich sie an, jedes Mal noch verächtlicher als vorher, und machte ihr unmissverständlich klar, dass ich sie so lange an dieses Verbrechen gegen ihr Kind erinnern würde, bis eine von uns nicht mehr da war.

Während die Jahre vergingen und ich eisern immer wieder die Erinnerung an die Kleiderzerstückelung aufs Tapet brachte, leugnete sie ebenso eisern deren Glaubwürdigkeit. Und so machten wir weiter, ich glaubte ihr nicht, nein, ich glaubte ihr nicht und glaubte ihr nicht. Doch eines Tages tat ich es, ganz plötzlich. An einem kalten Frühlingstag, als ich schon Ende fünfzig war, stieg ich auf der Ninth Avenue aus dem M23-Stadtbus, und als mein Fuß den Boden berührte, ging mir auf, dass das, was an jenem Tag vor mehr als einem halben Jahrhundert tatsächlich geschehen war, nichts mit dem zu tun hatte, was ich in Erinnerung behalten hatte.

Mein Gott!, dachte ich und schlug mir vor die Stirn, das ist ja so, als wäre ich geradezu dazu bestimmt, mir meine Kränkungen selbst zu fabrizieren! Aber warum? Und warum ums Verrecken daran festhalten? Als sich meine Hand wieder von der Stirn löste, sagte ich im Geiste zu mir: So alt und immer noch ahnungslos.

»Ich habe viel über diese Personen meiner Familie geschrieben«, erzählt uns Duras ganz zu Anfang von *Der Liebhaber*, »doch als ich es tat, lebten sie noch, die Mutter und die Brüder, und ich habe um sie herumgeschrieben, um diese Dinge herum, ohne bis zu ihnen vorzudringen ... Was ich hier tue, ist anders und gleich. Früher habe ich von allen hellen Zeiten gesprochen, von solchen, die erhellt waren. Hier spreche ich von den verborgenen Zeiten dieser selben Jugend, von gewissen von mir verschütteten Tatsachen, Gefühlen, Ereignissen.«

Jahrelang war das Duras' hypnotisierendes Thema, das sich immer wieder in jene kurzen, dichten Abstraktionen einschrieb, die sie Romane nannte und in einer assoziativen Prosa verfasste, die stetig durch die äußeren Schichten des Seins bis zu jenem Teil des Ichs vordrangen, der immer einen animalischen Rückzug ins Ursprüngliche anstrebt, wo das Verlangen, von prägenden Erinnerungen übermannt und gleichzeitig befreit zu werden, allumfassend und ja, betäubend ist.

Der Liebhaber spielt in den frühen dreißiger Jahren in Indochina. Ein fünfzehnjähriges, französisches Mädchen steht allein an Deck einer Fähre über den Mekong-Fluss, um mit dem Bus von Sadec aus nach Saigon zu fahren. Sie trägt ein aufreizendes, fadenscheiniges Kleid aus Rohseide, das von einem ledernen Männergürtel zusammengehalten wird, mit Goldlamé verzierte hochhackige Schuhe und einen Männerhut aus Filz, rosenholzfarben mit flacher Krempe und einem breiten schwarzen Band. Hinter ihr auf dem Deck steht eine Limousine, auf dem Rücksitz ein siebenundzwanzigjähriger Chinese; schlank und elegant sitzt er da und sieht das Mädchen an. Nach einer Weile steigt er aus, geht zu ihr hinüber, beginnt ein Gespräch, zündet sich mit zitternder Hand eine Zigarette an und macht ihr das Angebot, sie mitzunehmen und irgendwo abzusetzen. Sie sagt sofort zu und steigt in den Wagen. Der Mann wird sich leidenschaftlich in sie verlieben, in den schmalen, weißen Körper einer Kindsfrau. Diese geht ebenso verzückt wie er in seiner Leidenschaft in ihrer eigenen Empfänglichkeit auf – wenn nicht sogar noch stärker. Es beginnt eine Affäre, die endet, als sie mit siebzehn nach Frankreich geschickt wird, im Besitz des Gesichts, das sie für den Rest ihres Lebens behalten wird.

Während dieser Affäre lernt die junge Frau nicht nur, dass sie ein Katalysator für das Begehren ist, sondern dass sie selbst sich von ihrer Macht, dieses Begehren zu erwecken, erregen lässt. Es ist ein Talent, eines, um das herum man ein Leben aufbauen kann. Sie hört aufmerksam zu, als ihr chinesischer Liebhaber ihr erklärt, dass sie einem Mann niemals treu sein wird. Sie spürt die Richtigkeit dessen, was dieser Mann sagt, sie weiß bereits, dass es nicht ein bestimmter Mensch, sondern nur die Kraft des Begehrens ist, was sie jemals halten wird: ein Verlangen, übermächtig und zerstörend, das durch den Körper einer Frau erblüht, durch die Penetration eines Mannes verwirklicht wird und beide in die Besinnungslosigkeit treibt.

Unter der Hitze, die diese junge Frau erzeugt und an der sie auch teilhat, kristallisiert sich eine kalte, erstaunliche

Distanziertheit heraus. Begehren, erkennt sie, ist der Hunger, durch den sie die instrumentelle Natur menschlicher Beziehungen begreifen wird. Dieses Verständnis, auch das erkennt sie, wird ihr als Fahrkarte für den Ausstieg aus ihrem bisherigen Leben dienen. Die anderthalb Jahre mit ihrem chinesischen Liebhaber sind die Feuerprobe, die dieses Wissen entfacht.

Duras bearbeitete dieses Material dreißig Jahre lang in einer fiktiven Abstraktion nach der anderen. Ein Leben im Dienste des Begehrens bestätigte nur, was sie 1932 in einem abgedunkelten Raum im chinesischen Viertel von Saigon erlebt hatte: Dass sie allein war, vollkommen allein, und zwar nie mehr als bei dem Streben nach Lust, und das bis zu ihrem Tod. Die Ironie – Distanz führt zur Lust; Lust wirkt wie eine Droge; im Rausch wirkt die Distanz noch intensiver – erschien ihr auf existenzielle Art erschütternd. Folglich war ihre Gabe, auf die komplexe Sucht der erotischen Liebe einzugehen und den Leser mit hineinzuziehen, immens. Die erzählende Stimme in *Der Liebhaber* imitiert den berauschenden Balsam des Verlangens – etwas, das nicht einmal Colette zustande brachte –, gleichzeitig erklingt irgendwo in dieser Stimme die Trauer desjenigen, der das Verlangen dazu benutzt, etwas aus dem Weg zu gehen, statt es zu ergründen. Doch jetzt, dreißig Jahre nach dem Erscheinen des Buches, war es diese Trauer, dieser Klang des Aus-dem-Weg-Gehens, der in mir widerhallte.

Wiederholt wird der Leser des *Liebhabers* in die primitive Gefühllosigkeit, mit der Duras ihre Familie beschreibt, hineingelockt und dann wieder von ihr abgelenkt: Die Mutter ist eine verwitwete Lehrerin, die an Depressionen leidet, der jüngere Bruder ein sanfter, etwas zurückgebliebener Junge, der ältere ein brutaler Rüpel. Dieser unglückliche Haufen von Sonderlingen, die nur durch Blutsbande aneinandergefesselt sind, zieht sich in die bittere Ausdruckslosigkeit derer zurück, die sich selbst als dauerhaft marginal erleben:

> *Nie guten Tag, guten Abend, ein gutes neues Jahr. Nie danke. Nie ein Gespräch. Nie das Bedürfnis zu reden. Alles bleibt stumm, fern. Eine Familie aus Stein, versteinert bis zur Undurchdringlichkeit, unzugänglich. Tag für Tag versuchen wir einander umzubringen. Nicht nur, daß wir nicht miteinander reden, wir schauen uns nicht einmal an. Sobald man gesehen wird, darf man nicht mehr anschauen. Anschauen bedeutet Neugier zeigen (...) Wir sind vereint in der grundsätzlichen Scham, das Leben leben zu müssen. Hier haben wir den tiefsten Grund unserer gemeinsamen Geschichte erreicht, die darin besteht, daß wir alle drei Kinder dieser ehrlichen Person, unserer Mutter, sind ...*

Die emotional abwesende Mutter, die die Erzählerin abgöttisch liebt, der kriminelle ältere Bruder, den sie fürchtet und haßt, der sanfte, hilflose jüngere Bruder, der sie erotisch anzieht – auf diese Konstellation wird die Aufmerksamkeit des Lesers immer wieder gelenkt und ebenso oft wieder abgelenkt. Wir spüren die akute Einsamkeit der Erzählerin, doch das ist ein Zustand, den sie nicht wirklich fassen kann. Stattdessen deutet sie durch einen gelegentlichen Einschub die unbändige Freude an, die sie überwältigt, wenn die Mutter gelegentlich aus ihrer nervtötenden Depression auftaucht und sie selbst von einer Vision dessen, was hätte sein können, erfüllt wird.

Ich erinnere mich kaum an die Tage. Die Helligkeit der Sonne trübte die Farben, erdrückte alles. An die Nächte erinnere ich mich. Das Blau war ferner als der Himmel, es lag hinter allen Schichten aus Schwärze, es bedeckte den Grund der Welt. Der Himmel war für mich jene Spur reinen Glanzes, die das Blau durchquert, jene kühle Verschmelzung jenseits der Farbe. Manchmal, in Vinhlong, wenn meine Mutter traurig war, ließ sie den Tilbury anspannen und wir fuhren aufs Land hinaus, um uns die Nacht der Trockenzeit anzusehen. Ich habe dieses Glück gehabt, diese Mutter in diesen Nächten. Das Licht stürzte vom Himmel in Fluten von reiner Transparenz, Wirbeln aus Stille und Reglosigkeit. Die Luft war blau, wir nahmen sie in die Hand. Blau. Der Himmel war ein unentwegtes Zucken aus Lichterglanz. Die Nacht machte alles hell, das ganze Land zu beiden Seiten des Flusses, so weit das Auge reichte. Jede Nacht war besonders, jede konnte benannt werden nach der Zeit ihrer Dauer. Die Laute der Nächte waren die der Hunde auf dem Land. Sie heulten das Geheimnis an. Sie antworteten einander von Dorf zu Dorf, bis zum völligen Ende von Raum und Zeit der Nacht.

Ich habe dieses Glück gehabt, diese Mutter in diesen Nächten.

Dieser Abschnitt zieht sich so in die Länge, weil Duras nicht ertragen kann, sich von der Erinnerung an eine Zeit und einen Ort zu trennen, in der all das, was das Welt- und Selbstverständnis eines heranwachsenden Geschöpfes zusammenhalten sollte, für einen denkwürdigen Moment reichlich vorhanden war. Paradoxerweise ist es auch der Augenblick, in dem sie daran erinnert wird, dass sie tatsächlich in eine Welt von Elend und Vernachlässigung hineingeboren wurde, was einer Gefängnisstrafe ohne Hoffnung auf Bewährung gleichkam.

Im Lauf der Jahre habe ich diese Passage immer wieder gelesen und bin im Geiste jedes Mal zu jenem Tag zurückgekehrt, an dem meine Mutter – ich weiß, ich weiß, es ist nie passiert – mein Herz aus dem Kleid schnitt, das ich zu der Geburtstagsfeier tragen wollte, und jedes Mal stellte ich mir vor, ich würde vollständiger in das psychische Chaos eintreten, das in diese Erinnerung eingewoben ist, und auf diese Art als freie Frau auf der anderen Seite herauskommen. Doch kaum nähere ich mich ihr, weiche ich genau wie Duras aus. Und obwohl ich mich im Gegensatz zu ihr, die immer wieder begeistert ihr Begehren beschwor, um – wie ich nun glaube – weniger ihren freien emotionalen Fall zu vertuschen als ihn vielmehr zu bestätigen, obwohl ich mich also vor solchen Rückfällen gefeit sehe, muss ich mir eingestehen, dass auch ich in dieser Szene hängengeblieben bin und auch mein Verstehen als Erwachsene mir offensichtlich ebenso wenig Befreiung von der narzisstischen Wunde brachte wie Duras ihr lebenslanger Sturz in die erotische Besinnungslosigkeit.

4

Zwischen dem, was wir über unsere jeweilige Entwicklung wissen, und dem, was wir vermutlich nie erfahren werden, erhebt sich eine emotionale Müllhalde, auf die außergewöhnliche Schriftsteller alle Kunst werfen, derer sie fähig sind. Duras war eine davon. Eine andere war Elizabeth Bowen, deren Kraft ich schon in jungen Jahren spürte, deren Wert mir jedoch erst im Alter bewusst wurde. Ziemlich früh verschlang ich drei ihrer wichtigsten Bücher – *Kalte Herzen*, *Das Haus in Paris*, *In der Hitze des Tages* – und sah dann nichts mehr von dem an, was sie sonst noch geschrieben hatte. Ich war hingerissen von der geheimnisvollen Aura, die Bowens ungewöhnlich originellen Sätzen innewohnte, und von dem Gefühl, dass in ihnen etwas Tiefgründiges angesprochen wurde, doch was genau das war, hätte ich beim besten Willen nicht sagen können. Ich weiß noch, wie ich den Sätzen folgte, oft mit dem Finger auf der Seite, wie ein Kind oder jemand, der der englischen Sprache nicht mächtig ist, als kämpfte ich darum, einer unbekannten Sprache Bedeutung abzuringen.

Aber was für Sätze!

Über die soziale Unfähigkeit eines Protagonisten schreibt Bowen: »Eine vage Gestalt, kaum eine Silhouette – das Licht vom Westen fiel durch ihr trockenes Haar und das Spitzenumschlagtuch, so daß sie halb darin verschmolz –, reagierte sie auf Fragen kurz und knapp, und man wußte nicht, wie man sich ihr nähern sollte.« Über einen anderen: »Beim Sprechen schaute er nach unten, als seien seine Gedanken unter seinen Lidern.« Dann wieder: »In ihrer Ehe hatte es eine solche Gewöhnlichkeit, wie sie Julians saumselige Art in ihr hervorrief, nie gegeben, und das Jahr, in dem sie Henry vielleicht sehr wenig, sich selbst aber sehr gut kennengelernt hatte, war in ihren Erinnerungen immer noch gegenwärtig.« Und hier etwas darüber, was ein Protagonist fühlte, als er während der Verdunkelung in einer Kriegsnacht in die Londoner Euston Station kam: »Daß irgendwer irgend jemanden erkannte, schien illusorisch; diejenigen, die hofften, daß man sie abholte, die hofften, daß man sie haben wollte, schoben Hüte zurück und reckten wie Ertrinkende die Gesichter.«

Was ich in jenen weit zurückliegenden Jahren nicht sehen konnte, war, dass Bowen die Erzählung mit ihrer verwickelten Syntax entschleunigte, um den Leser in ihren Bann zu ziehen, während sie versuchte, eine emotionale Erfahrung zu Papier zu bringen, für die es vielleicht keine Worte gab – oder nicht die richtigen Worte oder Worte, für die sie keine richtige Ordnung fand –, aber trotzdem eine Erfahrung, die durch ihre Prosa spukte. Eines Tages dann, vor nicht allzu langer Zeit, stieß ich auf das, was die amerikanische Lyrikerin Adrienne Rich über Emily Dickinson geschrieben hatte und mich überaus beeindruckte, und plötzlich drängte sich Elizabeth Bowen in meine Gedanken. Adrienne Rich hatte Folgendes notiert: »Ich lernte von ihr, dass es extreme psychologische Zustände gibt, auf die man mit der Sprache Jagd machen kann. Aber die Sprache musste geschmiedet werden, gefunden werden, gemacht werden, es waren nicht die erstbesten Worte, die einem einfielen.« Ich ging zu meinem

Bücherregal, zog einen Roman von Bowen heraus und begann zu lesen.

Augenblicklich entschlüsselte sich der Text wie von selbst: sein Auftrag, wenn nicht gar seine Bedeutung trat ans Licht. Innerhalb der folgenden Monate erkannte ich, dass sie mehr als dreißig Jahre lang Erzählungen und Romane mit dem Ziel geschrieben hatte, den Leser mit der Macht eines extremen psychologischen Zustands vertraut zu machen, den sie zutiefst verstand: nämlich, dass die Angst vor Gefühlen uns dazu verleitet, einander die kleinen Morde der Seele zuzufügen, die den Geist betäuben und das Herz schrumpfen lassen, die Begehren unterdrücken und Gefühle erniedrigen, die Krieg elektrisierend und Frieden trostlos erscheinen lassen. Ich sah noch etwas: Sie gehörte zu jenen Schriftstellerinnen, deren Werk, als Ganzes betrachtet, eine offene Demonstration des psychologischen Schadens ist, der häufig als beständiger Strom unter der Oberfläche der Prosa eines Schriftstellers fließt.

Bowens Roman *In der Hitze des Tages*, der 1948 erschien, wurde während des Zweiten Weltkrieges verfasst, aber erst nach Kriegsende fertiggestellt, als sie, wie sie sagte, besser – nicht ganz, nur besser – verstand, worüber sie da geschrieben hatte. Die Geschichte spielt im Herbst 1942 in London und befasst sich mit dem Unbekannten in uns, das in Zeiten der Verwüstung hervorbricht und unter der zivilisierten Oberfläche, die wir so selbstverständlich voraussetzen, den fatalen Mangel an Zusammengehörigkeitsgefühl offenbart.

In diesem Roman verliebt sich Stella, eine vierzigjährige geschiedene Frau, in Robert, einen Überlebenden von Dünkirchen, den sie während der deutschen Luftangriffe kennengelernt hat. Mitten in der Affäre taucht Harrison auf, ein mysteriöser Geheimagent, und erzählt ihr, dass ihr Liebhaber ein Verräter sei. Stella weigert sich, ihm zu glauben, doch während die Bomben auf das nächtliche London fallen, frisst sich Harrisons bedrohliche Gegenwart, inzwischen eine fast tägliche Realität, in die älteste ihrer Ängste ein. Als er andeutet, der Krieg sei nur eine Manifestation des Bösen in unserem Inneren, wird sie von Erinnerungen an ihren eigenen Verrat, das heißt, ihr eigenes Gefühlsversagen durchdrungen und erkennt: »Daß man sie darum betrogen hatte, konnte sie der Welt genausowenig vorwerfen wie ihren Mitleidenden: In den letzten zwanzig Jahren ihres Lebens und dem der Welt hatte sie das mit ansehen müssen, was sie in sich spürte: den klaren, hilflosen Marsch in die Katastrophe. Der schicksalshafte Weg ihres schicksalsergebenen Jahrhunderts schien immer mehr ihr eigener zu werden: Zusammen hatten sie und das Jahrhundert einen extremen, kritischen Punkt erreicht und wurden auf die Probe gestellt. Sie hatten beide vorher nicht gelebt ...«

In gewisser Hinsicht ist alles im Roman auf die Stunde gerichtet, in der die Protagonistin ihren eigenen Beitrag an der globalen Verzweiflung erkennt – und diese Stunde ist, metaphorisch gesprochen, der Mittag, denn dann ist das Gefühl am Leben zu sein im London des Jahres 1942 am stärksten; anschließend wartet man nur darauf, dass die Bomben fallen. Trotzdem hat Stellas Erkenntnis nicht die Kraft, sie zu einer erlösenden Handlungsweise zu veranlassen, ebenso wenig wie der Schrecken der Luftangriffe die Kraft hatte, das anfänglich hohe Niveau an psychologischem Terror aufrechtzuerhalten. Während sie an die ersten Bombenangriffe im Herbst 1940 denkt, blickt sie fast wehmütig auf die Einzigartigkeit dieser Zeit zurück:

»Nie hatte man eine Jahreszeit stärker empfunden. Doch die romantische Stimmung bekam man nur gleichzeitig mit der Atmosphäre des Todes ... Kein Umlauf der Planeten sollte dieses besondere Zusammentreffen von Leben und Tod wieder mit sich bringen; dieses besondere, übersinnliche London sollte für immer Vergangenheit sein; es sollten noch mehr Bomben fallen, doch nicht mehr auf die gleiche Stadt. Der Krieg rückte vom Horizont auf die Landkarte. Und nun, da man ihn nicht mehr sah, hörte, roch, setzte allmählich eine abstumpfende Gewöhnung an ihn ein.«

Das ist ein charakteristischer Absatz für Bowen. Die Gewöhnung an ein Gefühl von Abstumpfung – im Krieg wie im Frieden – ist ihr großes Thema. Für sie ist das der Feind des Lebens, die Anklage, die sie gegen das Menschsein erhebt: dass es uns erlaubt, uns an die Verkümmerung des Herzens zu gewöhnen. Das ist die dem Leben, unserem einzigen, eingeborene Tragödie.

Sie wurde 1899 in Irland geboren, als Spross der angloirischen Aristokratie, und wuchs in einem kalten, zugigen Herrenhaus in einem regnerischen, nebelverhangenen Land auf, unter im starren Verantwortungsgefühl ihrer Privilegien und Tradition gefangenen Menschen. Viele von ihnen waren grüblerisch, willensstark und emotional unbeherrscht; trotzdem fürchteten sie Fehlverhalten noch mehr als den Tod. Von einem Protagonisten in Bowens zweitem Roman *Der letzte September* heißt es: »Das Leben war ihm eine einzige Unbill, doch dieser Unbill Ausdruck zu verleihen, hätte er skandalös gefunden.« Von Beginn an verfügte sie über sämtliche Metaphern, die sie brauchte.

Als Elizabeth fünf Jahre alt war, erlitt ihr Vater einen Nervenzusammenbruch, von dem er sich nie wieder ganz erholen sollte. Als sie dreizehn war, starb ihre Mutter an Krebs. Danach wuchs sie bei Verwandten oder in einem Internat auf und fühlte sich von ihrem Status als Waisenkind immer auf obskure Weise erniedrigt – ja sogar »verunstaltet«, wie ihre Biografin Victoria Glendinning es ausdrückte. In dieser Zeit entdeckte sie, wie erleichternd, aber auch isolierend es war, seine Gefühle zurückzuhalten. Jahre später bezeichnete Bowens diese Zeit in ihrem Leben als den »Beginn einer Karriere, Emotionen standzuhalten.« Von nun an wurde sie – wie die meisten ihrer Charaktere – Expertin eines »Lebens unter Verschluss.«

Kalte Herzen heißt der 1938 erschienene Roman, der eine ganze Reihe von Charakteren fast enzyklopädisch darstellt, um die Folgen eines unter Verschluss gehaltenen Lebens aufzuzeigen. Mr und Mrs Quayne und ihr Sohn Thomas führen ein sittsames Leben in einem Vorort, als Mr Quayne mit Ende fünfzig plötzlich über die Stränge schlägt und eine Affäre mit Irene beginnt, der jungen Verkäuferin in einem Londoner Blumengeschäft. Als Irene schwanger wird, setzt Mrs Quayne ihren Mann ohne viel Federlesens vor die Tür, nicht, weil er ihr das Herz gebrochen hat, sondern weil Mr Quaynes Lage für sie moralisch (will heißen gesellschaftlich) inakzeptabel geworden ist. Quayne, Irene und Portia, ihr uneheliches Kind, gehen dann, wie in einem Roman aus dem neunzehnten Jahrhundert, auf den Kontinent ins Exil und ziehen in den nächsten fünfzehn Jahren durch ganz Europa. Als beide Eltern sterben, wird die sechzehnjährige Portia für ein Jahr in das Haus ihres Halbbruders und Geschäftsmannes Thomas in Regent's Park geschickt. Doch weder Thomas noch seine Frau Anna sind in der Lage, auch nur ansatzweise normale Gefühle zu zeigen – allein die Vorstellung, Empfindungen zu äußern, macht sie krank – und das Zuhause, das sie für sich selbst gebaut haben, ist von einem stillen Anstandsgefühl durchtränkt, das ihnen in ihrer Rolle als soziale Wesen dient, während es eine Vielzahl von Wünschen und Enttäuschungen verbirgt. Keiner der beiden wüsste, wie damit umzugehen, falls sie je ans Tageslicht kämen. Bald will Portia verzweifelt herausfinden, warum in diesem Haus »... der Einsamkeit, die sie empfand, keine Grenzen gesetzt wurden, obwohl sie sich durchaus damit abgefunden hätte.«

Doch der Katalysator für ihre ultimative Demütigung ist Eddie, ein ehemaliger Kommilitone von Annas Bruder. Eddie war einmal ein brillanter, gut aussehender Stipendiat, der sich danach sehnte, in der Welt der Reichen aus guten Familien in Oxford voranzukommen. Viele von denen hatten ihn zunächst amüsant gefunden – »Er besaß großen Charme und eine proletarische, animalische, flinke Anmut« –, dann aber plötzlich fallen gelassen. Er ist tief gekränkt, doch statt der Quelle seiner Kränkung den Rücken zuzukehren, klammert er sich an alle gesellschaftlichen Verbindungen, die ihm noch bleiben. Am Rand einer Welt klebend, die ihn niemals als ebenbürtig akzeptieren wird, wird er für sich selbst immer weniger glaubhaft, und alle anderen natürlich noch unglaubhafter. Bald ist Eddie emotional etwa so unbeteiligt wie Adam, kurz nachdem er vom Apfel gekostet hat.

Seine Distanziertheit macht Eddie unzuverlässig, die innere Leere jedoch gefährlich. Als er Portia im Haus am Regent's Park kennenlernt, umgarnt er sie und redet ihr ein, sie seien Seelenverwandte, die ähnlich ziellos durch die brutale Welt der gleichgültigen Bourgeoisie irren. Sie ist gerührt und dankbar für seine Aufmerksamkeit und glaubt, dass sich zwischen ihnen so etwas wie Liebe entwickelt hat. Eine Zeitlang hält Eddie diese Beziehung aufrecht, weil sie so unglaublich naiv ist: »Durch Portia konnte er glatt hindurchsehen, ohne auch nur das Geringste zu erblicken, ohne dass er sich für die Leere, die gewiss in seinen Augen war, schämen musste.« Verrat ist da natürlich eine ausgemachte Sache.

Trotzdem ist Eddies Anziehungskraft von zentraler Bedeutung für die Stärke des Romans. Zwar ist er vordergründig erwachsen, in Wahrheit aber wie viele andere ein echtes Bowen-Kind. Wie bei Portia in *Kalte Herzen*, Lois in *Der letzte September*, Davina in *Die Enterbten*, Leopold in *Das Haus in Paris* werden wir auch in Eddies Gegenwart mit den Folgen menschlichen Handelns konfrontiert, die immer im Zentrum von Bowens Romanen stehen. In Eddie spüren wir eine erschreckende Unschuld – die Arglosigkeit des verkümmerten Mitgefühls – direkt unter den Verletzungen, die jedem dieser Kinder zugefügt wurden und die jedes einzelne seinerseits denjenigen zufügen muss, die es lieben.

Mein Eddie war ein Mann, dem ich im Alter von achtzehn Jahren begegnete (als ich mit Leichtigkeit ein Double von Bowens Portia hätte sein können), und dem ich jahrzehntelang hörig war.

Daniel war zehn Jahre älter als ich, auf dunkle Weise attraktiv, außergewöhnlich intelligent und auf eine so sanfte, einfühlsame Art höflich, dass ich stets das Gefühl hatte, geliebt zu werden. Doch die wahre Kraft der Anziehung zwischen uns wurzelte in unserer gemeinsamen Sensibilität. In dieser Hinsicht passten Daniel und ich hervorragend zusammen. Wir waren eine Verbindung von Seele und Geist, die Wordsworth bewundert hätte. Der Austausch zwischen uns war ein einziges Kunstwerk. Stundenlang gingen wir spazieren und debattierten leidenschaftlich über das Leben, die Liebe oder die Literatur, während wir uns beide wie in einem russischen Theaterstück nach der bemerkenswerten Intensität sehnten, die unseren Worten entsprang. Diese Intensität erzeugte Frieden, Freude, Erregung – im Bett, auf der Straße, am Frühstückstisch –, ein tiefes Wohlgefühl, von dem ich gar nicht wusste, dass es in meinem Leben fehlte, bis es plötzlich da war: in Daniels Gegenwart.

Trotzdem sandte er vom ersten Augenblick an derart gemischte Signale darüber aus, wer und was er war, dass ich mich in den Jahren nach unserer Trennung oft fragte, wer dieses umnachtete Geschöpf (ich) eigentlich war, das sich willentlich einer solchen Blindheit überlassen hatte. Als wir uns kennenlernten, erzählte er mir drei Dinge über sich: erstens, dass er verheiratet gewesen und jetzt geschieden war; zweitens, dass seine Eltern in Europa lebten; und drittens, dass er ein ehemaliger Alkoholiker war. Bald fand ich heraus, dass er nicht ein, sondern zwei Mal verheiratet gewesen war, seine Eltern nicht im Ausland, sondern in Kansas City lebten, und gelegentlich verblüffte er mich mit einem Drink in der Hand. Oft rief er nicht an oder erschien nicht wie abgemacht zu einer Verabredung; manchmal kam er zwei oder drei Stunden später mit einer wirren Ausrede, und dann leuchteten seine Augen, weil er jetzt – endlich – bei mir war! Im Nu hatte er von seinem Versäumnis abgelenkt und mich in eine neue, faszinierende Unterhaltung verstrickt, in der ich unübersehbar eine wichtige Rolle spielte. Wie sehr er strahlte, wenn er sprach – und ich antwortete poetisch auf alles, was er sagte. »Mein wunderschönes, fabelhaftes Mädchen«, sagte er immer, »du bist das Leben selbst.« Verknallt wie ich war, beschloss ich regelmäßig, alles zu ignorieren, was an Daniel offensichtlich beunruhigend war. Aber *beschließen* ist vielleicht der falsche Ausdruck.

1923 heiratete Bowen Alan Cameron, einen Angestellten der Schulverwaltung, für den sie Freundschaft empfand, keine Leidenschaft, und mit dem sie bis zu seinem Tod dreißig Jahre später eine zivilisierte Beziehung führte. Zwischendurch hatte sie Affären, viele Affären. »Gefühlen«, sagte sie einmal, »bin ich nie aus dem Weg gegangen oder habe sie unterdrückt.« 1941 begegnete sie während der Luftangriffe in London dem fünfunddreißigjährigen Charles Ritchie, Zweiter Sekretär im kanadischen Hochkommissariat, und verliebte sich unsterblich in ihn. Für Bowen war es eine Affäre, die ihr Leben veränderte; für den unverheirateten Schürzenjäger Ritchie war es eine von vielen, die er regelmäßig einging, was beunruhigend genug war. Zehn Monate, nachdem er Bowen kennengelernt hatte, schrieb Ritchie in sein Tagebuch, »Elizabeth ist traurig, weil sie mich mehr liebt als ich sie. Auch für mich ist das traurig, aber anders.«

Charles Ritchie war Bowens lebendig gewordener Eddie. Er war nicht nur aalglatt, intelligent und gebildet, sondern auch charmant, konnte sich mit jedem und überall unterhalten und seinem Gegenüber das Gefühl vermitteln, ein interessanter und wertvoller Mensch zu sein, doch in Wirklichkeit konnte niemand lange seine Aufmerksamkeit fesseln oder sich seiner Zuneigung sicher sein. Obgleich Ritchie im Traum nicht daran gedacht hätte, offen mit den Konventionen seiner Klasse zu brechen, war er auf riskante Art rastlos. Als junger Spund von dreiunddreißig schrieb er schon 1939 in sein Tagebuch: »Beim Gedanken an ein Familienleben sehne ich mich nach einem Bordell oder einer Einsiedlerzelle.« In seinem Innern war nichts als große Leere, die auch er mit Sinnlichkeit bekämpfte. Frauen flogen auf ihn, und mit ihnen zu schlafen war die Droge seiner Wahl. Von Beginn an war er Bowen untreu.

Trotzdem hielt ihre Beziehung, bis der Tod sie schied. Offensichtlich dauerte die Affäre so lange, weil Bowen darauf bestand, Ritchie in einem heroischen Licht zu sehen, und er wiederum verliebte sich in das Bild, das sie von ihm hatte. Die wahre Dynamik ihrer lebenslangen Verbindung lag darin, dass sie beide im anderen etwas Wesentliches über sich selbst erkannten – die zersetzende Kraft von »Emotionen, denen man standhalten musste« – und sich nach Erlösung von diesem öden Schicksal sehnten.

Diese Sehnsucht, so ungleich sie auch verteilt war, besiegelte das Bündnis zwischen Bowen und Ritchie, das durch eine außergewöhnliche Mischung von Bedürfnissen, Zynismus und Selbsttäuschung, von der die ganze Affäre zehrte, dramatisiert wurde. Victoria Glendinnings Werk mit dem Titel *Love's Civil War*, das 2008 erschien, enthält eine Sammlung von Bowens Briefen an Ritchie und seine Tagebucheinträge, die um dieselbe Zeit entstanden wie ihre Briefe. Zusammen geben sie einen Einblick in eine fünfzehnjährige Geschichte, in der sie leidenschaftliche Briefe (besser gesagt, immer wieder den gleichen leidenschaftlichen Brief) schreibt, während er zur selben Zeit dem Tagebuch sein abgrundtiefes Entsetzen über seine geistige Unbeständigkeit anvertraut. Ich zitiere eine willkürliche Auswahl aus den Jahren 1945 bis 1955, um die erstaunliche Diskrepanz aufzuzeigen zwischen dem, was er in einem bestimmten Augenblick denkt und fühlt, während sie fantasiert und sich im Taumel der Gefühle verliert.

Ritchie: »Ich denke nicht mehr so viel an E wie früher. Ich denke nicht einmal über mich selbst nach ... Wie lange noch kann ich die Ordnung und Leere meines Lebens ertragen?«

Bowen: »Liebster ... Ich denke so oft an Dich und liebe Dich über alles ... Das vergangene Jahr erschien mir wie ein Jahr im Film ... eine Woche unterschied sich von der anderen (nur) durch Deine Briefe.«

Ritchie: »Ich habe noch nie etwas so Trostloses wie die diesjährige Weihnachtszeit erlebt ... Vermutlich hat dieser Tod des Herzens, diese Lähmung des Verstandes, diese furchterregende Leere eines Tages ein Ende ... Die Sache ist nur, wenn ich mich frage: Welche Frau liebe ich?, werde ich von einer Art geistigem Schwindel übermannt ... Dann kommt es mir vor, als könnte ich jede Frau lieben – bis zu einem gewissen Grad – und auf die eine oder andere Art.«

Bowen: »Mein Liebling ... Unsere Liebe ist wie etwas, das wir zusammen erzeugt haben: Sie hat ein eigenes Leben, jenseits von vorübergehendem Kummer und Einsamkeit. Sie ist wie ein Engel ... sie kann uns trösten und segnen.«

Ritchie: »Als ich um die Ecke bog ... um in mein Büro zu gehen, dachte ich, dass ich in diesem Moment am liebsten mit einer Frau in einem großen Doppelbett liegen würde, mit zugezogenen Vorhängen und rosa

Nachttischlampen, vögeln, eine Zigarette rauchen und mich ein wenig unterhalten ... ein bisschen Champagner trinken ... und danach alles noch einmal von vorn.«
Bowen: »Ich bin zerrissen und unkonzentriert, so sehr sehne ich mich nach Dir ... O mein Liebling, was haben wir doch für ein Jahr gehabt! Wir sind uns immer nah, ganz nah, die ganze Woche, jede Woche, aber natürlich ist dieses Gefühl füreinander an den Wochenenden am stärksten, nicht wahr?«
Ritchie: »Bei mir ist die Liebe zu einer Frau immer mit dem Bedürfnis verbunden, diese Liebe zu verraten: Ein Zwang, den ich fürchte und zugleich ersehne.«
Bowen: »(Es gibt Zeiten, in denen) ich vor Sehnsucht nach Dir fast krank werde und das Leben zu einer schier unerträglichen Belastung wird.«

Es dauerte nicht lange, bis ich erkannte, dass Daniel ein notorischer Lügner war. Wenn er eine Zeitung holen ging, sagte er, dass er Zigaretten kaufen ging. Wenn er sagte, es würde spät im Büro, ging er wahrscheinlich ins Kino; wenn er angeblich mit einem bestimmten Freund zu Abend aß, war es höchstwahrscheinlich ein ganz anderer. Es schien, als wäre es wichtig, dass kein Mensch jemals wusste, wo er war oder was er tat. Die Schwindelei war eng mit einer gleichermaßen pathologischen Unzuverlässigkeit verbunden. An einem öffentlichen Ort auf ihn warten zu müssen – in einem Geschäft, einem Restaurant, einer Bibliothek – war ein todsicheres Rezept für eine Katastrophe.

Mir war ein derartiges Benehmen so fremd, dass ich anfangs nur erstaunt war und zögerte, etwas zu sagen. Schließlich protestierte ich, dann wurde ich böse, und am

Ende platzte ich. »Siehst du denn nicht, wie *kränkend* das ist?«, brüllte ich ihn an. »Wie demütigend?« Manchmal weinte ich, schrie oder zog mich zurück. Nichts von alledem erreichte ihn. Jedes Mal starrte er mich ungläubig an, ließ den Kopf hängen oder murmelte eine leise Entschuldigung, aber immer war er verwirrt. Er konnte beim besten Willen nicht begreifen, warum ich mich so aufregte.

Eines Abends auf einer Party von irgendwelchen Freunden von mir kam ich in einem dunklen Teil der Wohnung aus dem Badezimmer und sah Daniel und die Gastgeberin eng umschlungen. Wahrscheinlich habe ich aufgeschrien, denn sie fuhren auseinander, und die Frau ergriff die Flucht. Ich erinnere mich noch, wie mir das Herz bis zum Hals schlug und sich mein Kopf anfühlte, als würde er jeden Augenblick explodieren.

»Schläfst du mit ihr?«, fragte ich.

»Nein«, sagte er.

»Denkst du daran, mit ihr zu schlafen?«

»Nicht unbedingt. Ich war nur neugierig. Wieso regst du dich so auf?«

»*Wieso ich mich so aufrege?*«

Von dem Vorfall am meisten im Gedächtnis blieb mir, wie ausdruckslos Daniel vor mir stand – Gesicht, Stimme, Körper ohne jeden Funken von Gefühl. Zum ersten Mal dachte ich, dass er emotional irgendwo anders war, auf einem anderen Stern.

An diesem Abend gestand mir Daniel ganz beiläufig, dass er mich um die Kraft meiner Gefühle beneidete. Als ich ihn fragte, was er damit meinte, sagte er, dass er, soweit er sich erinnern könne, scheinbar nichts habe, das einem gewöhnlichen Spektrum von Emotionen ähnele. »Was auch immer es ist, das Menschen empfinden, wenn sie glücklich, traurig, verwirrt sind«, sagte er, »ich kenne es nicht. Ich habe nie Gefühle gehabt. Es ist, als gäbe es irgendwo in mir eine undichte Stelle, aus der alles entweicht.«

»Aber wenn ich einen Witz erzähle, lachst du«, sagte ich. »Als die Frau im Rollstuhl ins Restaurant kam, hast du sofort angeboten, ihr zu helfen, einen Platz zu finden. Wenn wir uns lieben, bist du leidenschaftlich.«

Er lächelte zerknirscht. »Ich tue nur so. Ich habe jahrelang Menschen beobachtet, um zu sehen, wie sie sich in den verschiedensten Situationen verhalten ... und so habe ich gelernt, ihnen nachzueifern. Ich habe mit Frauen geschlafen, die mir sagten, ich sei ein guter Liebhaber (du selbst hast mir das auch gesagt), aber wie wir alle wissen, reagiert der Körper sogar, wenn der Verstand aussetzt. Sobald ich zum Orgasmus komme, wünsche ich mir, ich wäre weit weg, weil ich dann eine Zärtlichkeit zeigen muss, die ich nicht empfinde, ja, nicht einmal bei dir. Am Ende verlassen mich alle, so wie du mich verlassen wirst, und weißt du was? Wenn du gegangen bist, werde ich mich nicht einmal einsam fühlen. Ich habe das alles so satt. Es langweilt mich zu Tode. Du weißt doch, was geistlos heißt, oder? Das wäre der richtige Ausdruck für mich.«

Plötzlich war mein junges Herz voller Mitleid. Ich sah in ihm eine geplagte Kreatur, gezeichnet von einer heldenhaften Verwundung und poetisch in ihrem Leiden, jemanden, der sich sogar für einen existenziellen Verlust opferte und der – hier wurde die Anziehung gefährlich – irgendeine mythische Last der Wiedergutmachung für den Rest von uns trug. Insgeheim schwor ich mir, ihn niemals zu verlassen.

Jahrelang betrog und hinterging Daniel mich mit zahllosen unverhohlenen Seitensprüngen, öffentlichen Bloßstellungen und ruinierten Ferien, ja sogar mit veruntreuten Bankkonten. Und trotzdem unterlag ich immer wieder seinem Charme. Seine Stärke als lebensnotwendiger Gesprächspartner, gepaart mit der bemitleidenswerten Leere in seinem Innern, hielten mich fest.

In all den Jahren sah ich nicht, dass ich von einem bestimmten Wohlgefühl abhängig geworden war, das sich nur einstellte, wenn Daniel und ich auf einer Wellenlänge waren, und verschwand, sobald wir uns stritten. Es war, als würde die Nähe zu ihm in mir grundlegende Bedürfnisse wachrufen, die ich weder identifizieren konnte noch je aus eigener Kraft würde befriedigen können. Dann spürte ich eine Art Sog in mir, den ich noch nie zuvor erlebt hatte. Wäre mir doch nur bewusst gewesen, dass ich einem romantischen Ideal von Vertrauen zwischen uns erlegen war (gegen das er ständig verstieß), das mir den nötigen Vorwand verschaffte, an der Illusion von festem Boden unter den Füßen festzuhalten, während ich mich in Wahrheit im freien Fall befand.

Bowen hatte Charles Ritchie schon lange, bevor sie ihn kennenlernte, in ihre Charaktere eingebaut; am offensichtlichsten in Max, den Protagonisten in *Das Haus in Paris*, das 1935 erschien und eines ihrer eher tragischen Erforschungen eines Lebens unter Verschluss ist.

Das Haus gehört Madame Fisher und ihrer Tochter Naomi. Um über die Runden zu kommen, nehmen die Frauen Mädchen aus der englischen oder amerikanischen Oberschicht auf, die eine Saison in Paris verbringen. Fünfzehn Jahre, bevor die Geschichte anfängt (irgendwann in den 1920ern), ist die achtzehnjährige Engländerin Karen

Michaelis eines dieser Mädchen. Naomi und sie werden enge Freundinnen und reden endlos über Max, einen seltsam traurigen, unnahbaren Jungen französisch-englisch-jüdischer Herkunft, der in einer Bank arbeitet und in Madame Fishers Haus ein- und ausgeht.

Fünf Jahre später tauchen Naomi und Max in London auf, inzwischen sind sie verlobt und stehen kurz vor der Hochzeit. Auch Karen ist verlobt und will heiraten: Ray, einen Engländer aus ihrer eigenen Gesellschaftsschicht. Weder Karen noch Max lieben die Partner, die sie heiraten sollen, und im Verlauf dieses Besuches wird ihnen bewusst, dass sie sich jetzt genau wie schon damals stark zueinander hingezogen fühlen. Ein paar Wochen später treffen sie sich heimlich, verbringen eine Nacht miteinander, quälen sich mit ihrer tragischen Situation und gehen auseinander. Als Max wieder in Paris ist, löst er seine Verlobung mit Naomi auf, und als Madame Fisher ihn verspottet, wird er von Selbsthass gepeinigt und bringt sich um. Unterdessen erleidet die schwangere Karen einen Nervenzusammenbruch, gibt ihr Kind zur Adoption frei und heiratet Ray.

In Bowens talentierten Händen entwickelt sich dieses Melodrama zu einer Metapher für alles im Leben, das sich kaum ausdrücken, geschweige denn verwirklichen lässt. Da es Max ist, nicht Karen, den das Leben schon völlig verbogen hat, ist es an ihm, die Hoffnungslosigkeit anzusprechen, in der beide gefangen sind. Er beginnt diesen Prozess, indem er beschreibt, wie Naomi und er sich verlobten.

Von Geburt an Außenseiter (dieser Tropfen Judentum wurde nicht umsonst eingefügt), hat er sein Leben lang gehadert: ein Mann, der sich selbst als Taugenichts betrachtet, einerseits vorsichtig, anderseits durchtrieben, verzweifelt über seine Existenz am Rand der Gesellschaft, von unangemessenen Begierden gequält und nicht in der Lage, auch nur einen Augenblick lang Frieden mit sich zu schließen. Eines Tages, so erzählt er Karen, hätten Naomi und er im Wohnzimmer des Hauses in Paris gesessen und sich wie immer unterhalten. Sie nähte, er lag matt auf dem Sofa. Sie ermutigte ihn, ihr sein Herz auszuschütten, und während er sprach, ließ sie durchblicken, wie sehr sie ihn bemitleidete. Plötzlich sagt Max: »›Ich habe mich daran erinnert, wie oft ich gedemütigt worden bin, wie lächerlich ich war und wie oft ich mich selbst betrogen habe, und bekam Angst, daß das ewig weiterginge. Du ahnst nicht, wie es ist, wenn man immer mit Mißtrauen betrachtet wird und auch weiß, warum. Wie es ist, wenn man nichts hinter sich hat, keine Wand, an der man sich stützen kann.‹« Da begriff er, »daß ihr Mitleid das einzige war, das ich ertragen konnte ... Ich ging zu ihrem Sessel und fragte sie, ob sie mich heiraten wolle.‹«

Während er spricht, sieht Karen, das Max sich einerseits seiner unseligen Verbindung zu Madame Fisher und Naomi bewusst ist, andererseits aber auch die Macht versteht, die ihn zwingt, daran festzuhalten; seine Angst, auf sich allein gestellt zu sein, mit einem Ich, das nicht existiert.

Du ahnst nicht, wie es ist, wenn man immer mit Mißtrauen betrachtet wird und auch weiß, warum.

Von allen Charakteren in Bowens Werk, die etwas in mir angerührt haben, ist es vor allem Max, der mir das Gefühl vermittelt, am Rande eines Abgrunds zu stehen. Max, in dem sich die grundlegende Angst vor dem Bewusstsein am stärksten offenbart; eine Angst, die in dem Verdacht wurzelt, dass wir, sollten wir tatsächlich zum Kern der Dinge vordringen, dort nichts vorfinden werden.

Vor ein paar Jahren stand Daniel eines Abends plötzlich vor meiner Tür und wollte wissen, warum ich mich so lange mit ihm eingelassen hatte. »Hast du dich jemals gefragt, was du davon hattest?«, fragte er.

5

Nach Bowen kam mir der Gedanke, dass sich der Ausdruck »Furcht« für Geschichten eignet, in denen es um Selbstentfremdung geht, während man bei kultureller Entfremdung eher an den Ausdruck »Angst« denkt. Angst frisst natürlich Seele genauso auf wie Furcht, eignet sich aber für andere literarische Anliegen. Mit Angst nehmen die Truppen der Moderne eine untergeordnete Stellung ein, denn diejenigen, die darunter leiden, sind weit entfernt von Sorgen über das existenzielle Nichts und mehr darauf bedacht, ihre Verzweiflung über die Ausgrenzung zur Sprache zu bringen.

Meine Generation war die letzte von in Amerika geborenen Kindern jüdischer Europäer, die Anfang des zwanzigsten Jahrhunderts in dieses Land gekommen waren. Die meisten von uns blieben ihr Leben lang von den von Angst beherrschten Erfahrungen ihrer Eltern geprägt, und wir fingen, kollektiv gesprochen, ziemlich früh damit an, ein literarisches Zeugnis dafür abzulegen, was es bedeutete, Jude in Amerika zu sein: wie es sich anfühlte, an den Rand der Gesellschaft gedrängt zu werden, eine Generation nach der anderen. Die Geschichte tauchte zuerst in schlichten Einwandererromanen wie *The Rise of David Levinsky* (1917) auf und setzte sich in dem selbstbewusst poetischen Werk *Nenn es Schlaf* (1934) und schließlich in den fünfziger und sechziger Jahren mit den Werken von

Saul Bellow und Philip Roth fort, die dem Vorhaben eine sprachverändernde Brillanz verliehen, mit der sie Literaturgeschichte schrieben. Danach tat die Assimilation ihre Arbeit, und die Erfahrung als Ganzes vermochte das Interesse ernsthafter Schriftsteller nicht mehr zu wecken; keiner konnte die notwendige Empörung aufbringen, um über etwas zu schreiben, das keine Lebensrealität mehr war; und Empörung war natürlich das *sine qua non* jüdisch-amerikanischen Schreibens.

In letzter Zeit habe ich viel über dieses von Amerikanern geschriebene große Spektrum an Werken nachgedacht, für die das Judentum eine zentrale Bedeutung hatte, und fragte mich, wie gut sie tatsächlich Zeitzeugnisse in eine Literatur verwandelten, die Bestand haben wird. Was kann eine Prosa leisten, die unter dem Deckmantel endloser Klagen Angst verbirgt, geschrieben mit einer Ironie, die das Flehen kaum kaschiert, und einer Art von Satire, die allen außer dem Erzähler das Einfühlungsvermögen raubt? Wie tief kann sie gehen, wie weit kann sie reichen, wie lange überlebt sie?

Ach, ja, und noch etwas fiel mir dazu ein: Wie kam es, dass ich als Schriftstellerin nie daran dachte, meine Arbeit in den Kontext des amerikanischen Judentums zu stellen?

Einer der Schriftsteller, die ich als junge Frau las und der heute emblematisch für einen Augenblick in der Geschichte zu sein scheint, in dem sich die jüdisch-amerikanische Literatur in einem heiklen kulturellen Gleichgewicht zwischen der Passivität der Vergangenheit und der Chuzpe der Zukunft befand, ist Delmore Schwartz. Als ich jung war, las ich ihn als klaren Beleg dafür, dass die Juden literarisch in Amerika angekommen waren. Das ist heute anders, aber heute betrachte ich sein Werk so, als hätte der Autor gewusst, wohin seine Art des Schreibens führt, und als sei er davor zurückgeschreckt, dorthin zu gehen.

1913 in Brooklyn in eine Familie geboren, in der mehr Jiddisch als Englisch gesprochen wurde und deren Beziehung zur Außenwelt von einer Mischung aus kruden und schlauen Mustern geprägt war, wie bei allen, die in der Kultur, in der sie lebten, nicht zu Hause waren, wurde Delmore – jeder nannte ihn so, also werde ich es auch tun – zum Inbegriff dieser Generation von intellektuellen jüdischen Emporkömmlingen, deren Texte frühreif und ehrfurchtsvoll zugleich daherkamen, sodass sie einerseits originell, andererseits Bewahrer ihrer Kultur waren.

Mit Mitte zwanzig war Delmore eine Instanz für die New Yorker literarische Intelligenzia: ein leuchtendes Wunderkind, dessen Persönlichkeit – ein Amalgam aus Immigrantenkultur, urbanen Umgangsformen und einer fast obsessiven Bewunderung für die europäische Literatur – von einem hypnotisierenden Wortschwall gekennzeichnet war, der unablässig aus ihm heraussprudelte. In Saul Bellows Roman *Humboldts Vermächtnis* begegnen wir Delmore, wie wir ihn hätten erleben können. Die Hauptpersonen im Buch sind Charlie Citrine (ein kaum getarnter Bellow) und der Dichter Von Humboldt Fleisher (ein ganz und gar nicht getarnter Delmore Schwartz). Als Einführung in einen Gesprächsabend, der irgendwann in den frühen vierziger Jahren stattfindet, gibt uns Citrine einen Einblick in Humboldts Redekunst:

»Begründend, formulierend, debattierend, entdeckend erhob sich Humboldts Stimme, erstickte, hob sich wieder ... er wanderte vom Thema zum Rezitativ, vom Rezitativ wanderte er zur Arie ... vor meinen Augen rezitierte und sang sich der Mann in den Wahnsinn hinein und wieder heraus.« Zuerst ging es um Politik – eine lange, wilde Abhandlung über Eisenhower, McCarthy, Roosevelt, Truman (eindeutig vierziger Jahre); dann kam die Popkultur: die angesagten Feuilletonisten der Regenbogenpresse, Walter Winchell, Earl Wilson, Leonard Lyons, Red Smith; dann ging es zu General Rommel und von Rommel zu John Donne und T.S. Eliot; anschließend folgten »Aussprüche von Einstein und Zsa Zsa Gabor, mit Bezug auf den polnischen Sozialismus und die Football-Taktik von George Halas und die geheimen Motive von Arnold Toynbee und irgendwie den Gebrauchtwagenhandel. Reiche Jungen, arme Jungen, Judenjungen, Goyjungen, Ballettmädchen, Prostitution und Religion, altes Geld, neues Geld, Gentlemen-Clubs, Back Bay, Newport, Washington Square, Henry Adams, Henry James, Henry Ford, St. Johannes vom Kreuz, Dante, Ezra Pound, Dostojewski, Marilyn Monroe und Joe DiMaggio, Gertrude Stein und Alice, Freud und Ferenczi.«

Hier haben wir die klassische Beschreibung des talentierten, fieberhaft schnell sprechenden New Yorker Juden, der überzeugt war, seine Berufung bestehe darin, der vom Modernismus geprägten literarischen Kultur zu dienen. In der Dekade nach dem Zweiten Weltkrieg hätte er seine geballte aufgestaute Brillanz auf einen Abschied von dieser Kultur konzentrieren können, doch in den dreißiger und vierziger Jahren – und das, denke ich, ist die ultimative Bedeutung von Delmore Schwartz – ließen sich Anspruch und Umgangssprache nur im privaten Raum vermischen. Über Juden zu schreiben, war eine Sache, wie einer zu *klingen,* eine ganz andere.

Delmores Novelle *The World Is a Wedding* geht auf eine Situation zurück, die er bis ins kleinste Detail kennt, und ist eine glasklare Illustration der Vor- und Nachteile, die eine solche Einschränkung mit sich bringt. Irgendwie scheinen die Protagonisten, statt sich durch die perfekt gebildeten englischen Sätze zu offenbaren, in ihnen gefangen zu sein. Und dann ist es einerseits so, als machte sich der Autor über die Charaktere lustig, weil sie sich haben einfangen lassen, andererseits steht er ganz offensichtlich auf ihrer Seite. Wir, die Leser, erleben ein erstaunliches Potenzial für Zärtlichkeit in der jüdisch-amerikanischen Literatur, das unter die Räder geriete, wenn es voll aufblühen würde.

Die Hauptfigur in *Wedding* (angeblich Paul Goodman nachempfunden, mit Sicherheit aber auch ein Double von Delmore) ist ein brillanter Sonderling namens Rudyard Bell. Ein Leben lang Literatur zu schreiben und über deren kulturelle Bedeutung nachzudenken, ist für Rudyard mehr als eine Berufung, es ist eine Verantwortung. Seiner Meinung nach muss ein Autor oder Intellektueller der Verführungskraft der spießbürgerlichen Massenkultur widerstehen, denn diese führt zum Tod der Literatur, so wie wir sie kennen. Rudyard redet sich ein, die Aufgabe eines Kritikers bestehe darin, im Interesse des gewöhnlichen Lesers die Kultur an und für sich zu bewahren, weil sie die Poesie aufblühen lässt. Als Rudyard auf dem Höhepunkt der Großen Depression seinen Collegeabschluss macht, beschließt er, dass ihm sein Schreiben zu wichtig ist, um zu versuchen, eine Arbeit zu finden. Er wird zu Hause bleiben und Theaterstücke schreiben.

Seine Tante hatte ihm vorgeschlagen, Lehrer im öffentlichen High-School-System zu werden, bis er sich als Dramatiker bewährt hätte, doch Rudyard ... sagte, Dramatiker sei ein ehrenhafter und schwieriger Beruf und erfordere, dass man sich ihm gänzlich verschreibe. Laura Bell hatte sich um ihren jüngeren Bruder gekümmert, seit er vier war und sagte, Rudyard sei ein Genie und man sollte ihn nicht zwingen, sich seinen Lebensunterhalt zu verdienen. Rudyard hielt die Überzeugung seiner Schwester für selbstverständlich und logisch, so sehr glaubte er an sich selbst und an seine Kraft, andere Menschen zu bezaubern. Und so führte seine Weigerung, Lehrer zu werden und sich seinen Lebensunterhalt zu verdienen, in gewisser Weise zur Gründung eines Zirkels.

Dieser Zirkel besteht aus einer Gruppe selbst ernannter Intellektueller zwischen Ende zwanzig und Anfang dreißig, die durch die Große Depression zur Arbeitslosigkeit verdammt sind und sich jeden Samstagabend in Lauras Wohnung treffen, um ihre Wunden zu lecken, oder anders gesagt, um über Kunst, Literatur und Philosophie zu diskutieren. Zu ihnen gehören ein arbeitsloser Möchtegernphilosoph; ein arbeitsloser (ebenfalls Möchtegern-) Journalist, zwei Grundschullehrer und ein Gewerkschaftsfunktionär – alle jüdisch, alle mit literarischen Ambitionen. Laura ist Einkäuferin in einem Warenhaus und die Einzige von ihnen, die Geld verdient. Verbittert, weil sie keinen Ehemann findet, betrinkt sie sich in der Küche, während sie das mitternächtliche Abendessen für die Gruppe zubereitet, die gelegentlich wie ein überkandidelter griechischer

Chor herausschreit, das Leben sei ungerecht. Für alle ist Rudyards Weigerung, Lehrer zu werden und sich seinen Lebensunterhalt zu verdienen, die ehrenwerte Ablehnung einer verkommenen Welt, in der die Leute nichts anderes tun, als sich ihren Lebensunterhalt zu verdienen. Rudyard selbst drückt es so aus: »Für uns ... ist das, was wir ablehnen, wichtiger als das, was wir akzeptieren.« Allein dieses Credo überzeugt sie davon, dass ihre Treffen am Samstagabend der Beweis für ihre angeborene Überlegenheit sind.

Bewunderung für literarisches Talent und philosophische Intelligenz beherrscht die Mitglieder des Zirkels, zusammen mit der ständig wachsenden Angst, dass andere mehr davon haben könnten als sie selbst. Diese Angst bewegt sie zu der absurd herrschsüchtigen Art, mit der sie alle miteinander umgehen, und lässt ein soziales Verhalten der gröbsten Art als normal erscheinen.

Nacheinander wird die Psyche jedes einzelnen Mitglieds im Geist eines anderen Protagonisten so lange analysiert, bis der Leser erkennt, dass jeder damit beschäftigt ist, sich von den anderen abzusetzen, wenn auch nur im eigenen Kopf, während niemand sich selbst zu definieren vermag, außer dadurch, dass er sich von jenen abgrenzt, denen er am meisten ähnelt. Jacob Cohen zum Beispiel, der Großmütigste der Gruppe, wandert während der Woche durch die Straßen der Stadt und denkt über seine Freunde nach, als »würde er vorwärts getragen von dem Gefühl, dass er anhand deren Ähnlichkeit, Unterschieden und Vielfalt mehr über sein eigenes Schicksal erfahren könnte.« Was also denkt Jacob?

Francis French ist ein blasierter Homosexueller, der sich mit seiner besessenen Suche nach Sex selbst zerstört; Edmund Kish kann über nichts streiten, ohne sein Gegenüber spüren zu lassen, dass er es für einen Dummkopf hält; Ferdinand schreibt Geschichten, deren »wesentliches Motiv ... die Verachtung und Überlegenheit war«, die er der Generation seiner Eltern gegenüber empfindet. Marcus Gross ist ein gefühlloser Ochse, der, als Rudyard die philosophische Genialität seiner eigenen Stücke preist (was er regelmäßig tut), entgegnet, diese Stücke würden nicht aufgeführt, weil sie von nichts handelten, woraufhin Rudyard ihn als Banausen beschimpft, und dann reden alle durcheinander. Bald beklagt sich einer von ihnen, man habe ihn in all der Zeit, die er an den Treffen teilnimmt, nie einen Satz aussprechen lassen, und Laura schreit von der Küche aus: »Ich habe schon seit 1928 keinen einzigen Satz mehr ganz zu Ende gesprochen.« Ah, Laura! Als sie sich darüber beschwert, dass Rudyard, der bei ihr wohnt, beim Frühstück die Zeitung und beim Mittag- sowie Abendessen ein Buch liest und nie mit ihr spricht, erwidert der: »Das Lesen ist [dem Sprechen] im Allgemeinen überlegen, weil Autoren anderen Menschen überlegen sind.«

Gekonnt fängt die Novelle die surreale Qualität von Außenseitern ein, die in einer selbst gewählten Kompensationsblase leben, eingeschlossen vom Schweigen einer gleichgültigen Außenwelt. Die Isolation ist eine ständige Erniedrigung für diese hochintelligenten, extrem ehrgeizigen Charaktere, die sich leidenschaftlich gekränkt fühlen, und führt in einen Abgrund von Engstirnigkeit und Stagnation. Nur Jacob erkennt das ihrer Situation innewohnende Pathos: »Wir sind alle zum Stillstand gekommen ... wie auf einer Rolltreppe vergeht die Zeit, wir aber kommen nicht vom Fleck.«

Früher fand ich diesen Stillstand in *The World Is a Wedding* unwiderstehlich, heute nicht mehr. Eine Situation, die sich vor vielen Jahren nicht nur wahr, sondern auch bedeutsam anfühlte, kommt mir heute fast wie eine Karikatur vor. Rudyard selbst, den ich (trotz seines albernen Getues) überschwänglich bewunderte, erscheint mir jetzt wie ein Lytton Strachey für Arme, und das unglückliche Kichern darüber, dass niemand sein Genie erkennt, eher absurd als rührend. Im historischen Kontext ist die Novelle trotzdem wichtig und bedeutend.

Als Saul Bellow anfing, seine glitzernde, gnadenlose Prosa zu schreiben, wollte er weder der Hochkultur dienen noch die Juden aus ihrer Verwirrung retten. Für ihn zählte nur, die Seiten mit dem Geschmack seines eigenen Lebens explodieren zu lassen, einem Geschmack, der sich mit der englischen Hochsprache niemals hätte nachempfinden lassen. Er brauchte eine eigene Sprache, eine, die mit den Regeln brach, gegen Gesetze verstieß und höchst anschaulich war. Für diese Notwendigkeit wird jede Figur (erbarmungslos) geopfert, aber die Sprache versengt die Blätter. Im Vergleich dazu waren weder Delmore noch seine Zeit auch nur annähernd zu einer solchen Brutalität bereit. Er wurde von einer Zärtlichkeit behindert, die er weder akzeptieren noch aufgeben konnte. So blieb er immer unfähig, zu entscheiden, wie viel von seinen Protagonisten und somit von seiner Herkunft er dem Urteil der Welt überlassen sollte. Er konnte sich weder dazu durchringen, seine Charaktere zu lieben, noch sie den Wölfen zum Fraß vorzuwerfen. Es ist diese Unentschlossenheit im Zentrum seines Schreibens, welche die Literatur von Delmore Schwartz definiert. Früher dachte ich, sie verleihe den Geschichten eine poetische Lebendigkeit, jetzt sehe ich, dass sie der Grund dafür ist, dass sie sich nicht wirklich entfalten können. Sie sind von einem schmerzhaften Selbstbewusstsein durchtränkt, das dem Schriftsteller verbietet, ganz in seinem Material aufzugehen. Zu meiner eigenen großen Überraschung finde ich diese Beschränkung nicht nur ergreifend, sondern auch lehrreich.

Ende der siebziger Jahre reiste ich nach Israel mit dem Auftrag, ein Buch über die persönlichen Eindrücke zu schreiben, die ich von dem Land gewinnen würde, so wie ich es vorfand: vor Ort, eingebettet im ganz gewöhnlichen Alltag. Das Buch habe ich nie geschrieben. Ich begegnete den wunderbarsten Menschen, die ich je kennengelernt habe, sah einige der beeindruckendsten Landschaften auf unserem Planeten, spürte die lebendige Geschichte in den Gesichtern der Menschen um mich herum. Doch so sehr ich mich während dieser Monate in Israel auch bemühte, und trotz meiner diversen Identitätsmerkmale (Jüdin, Frau, Amerikanerin), fand ich keinen richtigen Zugang. Als Kind von jiddisch sprechenden, säkularen Juden war Hebräisch für mich eine Fremdsprache wie jede andere auch; als Frau zuckte ich zusammen, als ich mich in einem Land wiederfand, das noch sexistischer war als mein eigenes; und als Produkt des individualistischen Amerikas kam ich mit dem schrecklichen Stammesdenken der einheimischen Kultur einfach nicht zurecht.

Eines Tages lernte ich während meines Aufenthalts in Israel einen der wichtigsten Geschichtenerzähler des Landes kennen, Abraham B. Jehoshua, dessen Werk mir damals kaum vertraut war. Ein Freund in New York hatte ihm ein Empfehlungsschreiben geschickt, und so rief ich ihn an einem Nachmittag in Haifa an, der Stadt, in der er lebte und lehrte, und wurde sofort eingeladen vorbeizuschauen.

Als ich ankam, saß er an seinem Schreibtisch: ein Mann von Mitte vierzig, eine wuchtige Gestalt mit einem imposanten Gesicht und jeder Menge dichter schwarzer Locken. Er blickte auf und erhob seine Stimme zu einer vielsagenden Andeutung: »Und warum lebst du noch immer in der Diaspora? Warum nicht hier, wo du hingehörst?« Ich lachte. »Soll das ein Witz sein?«, entgegnete ich. Er denke gar nicht daran, Witze zu machen, erklärte er und führte aus, mein Leben sei in den Vereinigten Staaten in Gefahr, denn ein christliches Land könne sich jederzeit gegen mich wenden. Dabei stand ich in genau diesem Augenblick auf einem schmalen Stück Strand mit dem Rücken zum Meer, und nach allem, was ich wusste, rückten die Goyim bereits gegen mich vor.

Der Besuch dauerte eine Stunde, in der ich wenig sagte, während Jehoshua mir eine Strafpredigt hielt: So wie er auch in den kommenden vierzig Jahren weiterhin den Juden, die nicht in Israel leben wollten, die Leviten las. Mit verächtlicher Stimme donnert er bis zum heutigen Tag wie ein Prophet aus biblischen Zeiten, dass nur Israelis wahre Juden sind. Die Übrigen höchstens zum Teil – Juden, die ihr Judentum an- und wieder ausziehen wie ein Kleidungsstück, passend zum Klima des Landes, in dem sie wohnen. Es schmerzt, ihn so sprechen zu hören, weil er oft wie ein Siedler in der Westbank klingt, der mit der Waffe in der Hand und Mordlust im Herzen das Land eines anderen zu dem seinen erklärt. Es ist der Tyrann hinter dieser Stimme, der einen erschaudern lässt.

In den Jahren nach meiner Israelreise versuchte ich mehrmals, Jehoshuas Geschichten zu lesen, vergeblich, da ich seine tyrannische Stimme nicht lange genug aus dem Kopf bekam, um mich in seine Arbeit zu vertiefen. Doch vor nicht allzu langer Zeit nahm ich eine frühe Geschichtensammlung dieses erbitterten Zionisten in die Hand, und dieses Mal – wer weiß, warum – fiel die Voreingenommenheit von mir ab, und ich stand vor einem Schriftsteller, der zwar ein Demagoge ist, aber trotzdem seine eigene, tief bewegende Auffassung von der menschlichen Existenz über seine politische Rhetorik zu stellen vermag, die ihn als öffentliche Person beherrscht. Ich begann mitten am Nachmittag zu lesen und hörte erst auf, als ich die letzte Seite der letzten Geschichte erreicht hatte. Anschließend saß ich mit dem Buch auf dem Schoß da und starrte in den nun in Dunkelheit gehüllten Raum, die sich auf geheimnisvolle Weise von innen her erleuchtet anfühlte.

Die Geschichten in dieser Sammlung handeln ausnahmslos von emotionalen Trennungen, in der Ehe wie in Freundschaften, und sie sind durchtränkt von einer existenziellen Einsamkeit, die nichts mit Jehoshuas nationalistischer Sprache zu tun hat. Sie sind einerseits glasklar, strahlen aber zugleich eine nicht fassbare Suggestivität aus, die das Leseerlebnis intensiviert. Sie sind das Werk eines Autors, der in die psychischen Regionen von Verlust und Niederlage vordringen will, wie sie der gesamten Menschheit eigen sind, und der es versteht, eine so konkrete Situation wie die eines kranken, verschwitzten Mannes, der in den siebziger Jahren an einem heißen Sommermorgen in einer leeren Wohnung in Tel Aviv aufwacht, metaphorisch zu nutzen. *Das*, so sagen uns diese Geschichten, zeigt, wie hier und jetzt jene Wesen, die wir Frauen und Männer nennen und die gerade Platons Höhle entkommen sind, sich blind einem vagen Verständnis dessen nähern, was es bedeutet, Mensch zu sein. Jeder Leser mit intakten emotionalen Reflexen ist eingeladen, an dieser Erfahrung teilzuhaben.

Die aus vielen Puzzlesteinchen zusammengesetzte Jehoshua-Figur, die mir fortan durch den Kopf spukte, ist die eines gescheiterten Akademikers mit schütterem Haar, der eine Brille trägt, es nicht schafft, seine Dissertation zu Ende zu schreiben, seit fünf Jahren mit keiner Frau geschlafen hat und gebeugt eine Straße in Jerusalem entlangschlurft, unter einer sengenden Sonne, deren Hitze und blendende Helligkeit die ihn umgebende Stille vervielfachen – eine Stille, die nur eine so heiße und entlegene Region hervorzubringen vermag; eine Stille, die – im rauen, lauten Israel – das Schweigen im Innern greifbar macht.

Eine Version dieser Figur ist der Protagonist in einer der stärksten Erzählungen, »Three Days and a Child«, und dessen Wesen wiederum führt zu einer anderen wichtigen Erzählung, »A Long Hot Day, His Despair, His Wife and His Daughter«. In beiden ist der Erzähler ein Mann, der sich so unwohl in seiner Haut fühlt, dass wir seine Gefühle unmittelbar nachvollziehen können, als die alltäglichen Umstände seines Lebens ihm zu entgleiten drohen und er anfängt zu halluzinieren, denn Jehoshua hat uns tief in dieses Unbehagen hineinversetzt, das, so stellt sich heraus, der eigentliche Kern der Geschichte ist.

In »Three Days and a Child« ist der Erzähler ein Mathematiklehrer am Gymnasium, der allein in Jerusalem lebt, mit einer Frau schläft, die er nicht liebt, seit Jahren aussichtslos an seiner Dissertation arbeitet und jetzt am Ende der Sommerferien einen Brief von einer Frau erhält, die er einmal leidenschaftlich geliebt hat (obwohl sie ihn umgekehrt nie beachtet hatte). Sie bittet ihn, sich um ihren kleinen Sohn zu kümmern, während ihr Mann und sie für die Aufnahmeprüfung an der Universität lernen. Diese Frau stand jahrelang im Fokus wilder, von erotischer

Demütigung durchzogenen Fantasien des Erzählers, und als er jetzt widerspruchslos ihrer Bitte nachkommt, nimmt er trotz seiner negativen Gefühle, die umso stärker werden, je mehr er versucht, sie zu unterdrücken, sich ihres Sohnes an. Es folgt ein Bericht der drei Tage mit dem Kind – »Ende des Sommers, heiße Wüstenwinde ziehen über das Land« –, in denen sich die Stimmung des Erzählers immer wieder hebt, senkt, aufhellt, trübt, erneut zum Leben erwacht, mal in bitterer Nostalgie aufflammt, dann wieder in der Trägheit versinkt, die ihn Tag für Tag begleitet.

Der Erzähler und das Kind wandern durch Jerusalem und »schmoren in dessen Stille«. Im Zoo sitzt er auf einer Bank und döst kurz ein. Als er wieder aufschreckt, ist der kleine Junge weg. Dann entdeckt er ihn, wie er auf einer schiefen Mauer hinter drei älteren Jungs herläuft. Er beobachtet es scheinbar gleichgültig und denkt müßig: »Ein falscher Schritt und er bricht sich das Genick.« Doch das ist dem Erzähler nicht nur egal: »Im Gegenteil, ich war begeistert!«

Natürlich rettet er den Jungen und pflegt ihn liebevoll, als er hohes Fieber bekommt, und jetzt – als er zum ersten Mal normales Mitgefühl in seinem Herzen zulässt – wird er sich der Einsamkeit des kleinen Jungen bewusst. Paradoxerweise löst das sein eigenes Gefühl der Einsamkeit aus – »Jetzt war meine Einsamkeit zweifellos größer als seine« –, und er versinkt in Selbstmitleid.

Verzweifelt denkt er an die lieblose Beziehung zu der Frau, mit der er schläft: »Wir könnten uns zufällig in einer belebten Straße von Jerusalem begegnen ... erst gestern Nacht lagen wir eng umschlungen da, und jetzt, wie im gegenseitigen Einvernehmen, ignorieren wir uns ... so groß ist das Mitleid, das wir uns manchmal gegenseitig entgegenbringen.«

Er denkt an all die Male, in denen er ins Klassenzimmer zurückgekehrt ist, wo »kurz, nachdem ich den Raum betreten hatte, auch die Sonne durch das Fenster fiel. Das Licht blendete meine Augen. Es war die reinste Folter.«

Dann stellt er sich vor, wie er die Eltern anruft und ihnen sagt, er sei im Krankenhaus, das Kind sei tot, und damit lotst er uns zum Kern der Sache. In seiner Fantasie sieht er:

Wie sie ins Krankenhaus platzen, die Krankenschwestern, die Ärzte überfallen.
Das Treffen, Auge in Auge.
Ihre wunderschöne, gebrochene Schönheit.
Sie zu meinen Füßen. Ich zu den ihren. Aneinandergeklammert. ... Das Wunder, dass sie mich nicht gehen lassen ... Sie würden mich festhalten, an mir kleben, mich umstellen, als wäre ihr Kind in mir, von mir. Würden mich für ihren Sohn halten.
Denn Liebe – aus Liebe bin ich verzweifelt.

Der Protagonist in »A Long Hot Day« wiederum ist ein zweiundvierzigjähriger Ingenieur, der wegen einer falschen Krebsdiagnose nach neun glücklichen Monaten, in denen er an einem Projekt in Afrika gearbeitet hat, gegen seinen Willen nach Israel zurückgeschickt wird. Während er auf eine erneute Versetzung wartet, stürzt er in einen Abgrund von Sinnlosigkeit, der ihn auf eine Ebene mit Jehoshuas deprimiertem Mathematiklehrer stellt.

In Afrika hatte er »in einer Einsamkeit gelebt, die er als Freiheit empfand«. Zurück in Israel erlebt er Tag für Tag eine Häuslichkeit, die Trostlosigkeit bedeutet.

An einem der ersten Morgen nach seiner Rückkehr – seine Frau ist zur Arbeit, seine Tochter in die Schule gegangen – wacht unser Ingenieur in einer leeren Wohnung auf und grübelt über die letzte Nacht, als seine Frau und er zum zweiten Mal in fast einem Jahr gemeinsam ins Schlafzimmer gingen: »Er legte den Arm um sie. Trotz seiner abgrundtiefen Müdigkeit wollte er bei ihr sein, wollte sie lieben ... Doch sie schob ihn sanft beiseite, küsste ihn auf die Stirn, streifte ihre Kleider ab, schlüpfte in ihr Nachthemd und legte sich in ihr Bett. Er versuchte, beharrlich zu sein. Schließlich gab er auf. Schon vor seiner Abreise nach Afrika hatte es Ärger gegeben ... Er fügte sich. Sie schlief sofort ein.«

Jetzt wandert er nackt durch die Wohnung, »geht von Zimmer zu Zimmer und schließt die Fenster und Läden vor der Hitze ... betritt eine sonnendurchflutete Küche und taumelt mitten rein in das Chaos, das seine Tochter hinterlassen hat. Die Butter schmilzt auf dem Tisch, die Milch wird in der Hitze sauer, die Kühlschranktür ist nicht richtig geschlossen, von einer trockenen Scheibe Brot tropft Marmelade, ein angebissenes Käsestück liegt auf einem Haufen schmutziger Teller – es ist, als hätte eine Horde von Rowdys hier gefrühstückt, nicht ein dünnes, unordentliches Kind ... Er setzt Wasser zum Kochen auf, trägt die schmutzigen Teller zum Spülbecken und kaut auf der Scheibe Brot herum, die sie hinterlassen hat.«

Langsam treibt sich der Ingenieur an den Rand psychischer Labilität – er grübelt über seine lieblose Ehe, fängt an, in seinem ramponierten alten Wagen Nickerchen zu halten, hortet die Briefe, die ein junger Soldat seiner Tochter schreibt –, und die ganze Zeit ist »der von der Sonne erhitzte Morgen« da, an dem er immer wieder aufwachen muss: »… der glühend heiße Wind, der die Straße wellt und deformiert … die leise in tausend Funken explodierende Sonne … Lichtsplitter, die zwischen seinen Füßen zittern, und über seinem Kopf ein Baldachin aus Kohle.«

Kaum eine Seite in diesen Geschichten ist frei von Hitze – von Sonne und Hitze, von grellem Licht und Hitze, von unsäglicher Sehnsucht und Hitze, von sexuellem Versagen und Hitze. Sie durchzieht alle Erzählungen, drängt sich in den Erzähler hinein, bis er die Landschaft und die Menschen darin zu fast gleichen Teilen (in erster Linie aber und vor allem sich selbst) als surreal statt als wirklich wahrnimmt.

Kein Wunder, dass ich mich dabei ertappte, Jehoshuas israelische Hitze mit der von, sagen wir, Camus in Algerien oder Coetzee in Südafrika zu vergleichen. Auch deren Hitze geht Hand in Hand mit einer emotionalen Irrealität, die es Menschen erlaubt, unter der sengenden Sonne mitten im Nichts sich selbst und anderen unaussprechliche Dinge anzutun. Doch Jehoshuas Hitze ist – anders als die von Camus und Coetzee – weder finster noch mörderisch, eher unruhig, deprimierend, ermüdend. Es ist die Erschöpfung, die Jehoshuas Geschichten bemerkenswert, ja sogar tiefsinnig macht. Die Erschöpfung ist so vollkommen, dass sie so alt wie die Zeit selbst erscheint; als wäre sie von Anbeginn da, als wüssten wir schon im Mutterleib, was auf uns zukommt, als wären wir schon vor der Geburt erschöpft. Ich blätterte die letzte Seite von »A Long Hot Day« um und spürte etwas, was ich bei der Lektüre eines jüdisch-amerikanischen Roman noch nie empfunden hatte: Furcht.

Jehoshua hatte recht, als er sagte, das Judentum könne nur an jenem Ort als Metapher dienen, an dem Juden nicht einer gesellschaftlichen Teilmenge angehören und gezwungen sind, sich in mit Bindestrich versehenen Begriffen vorzustellen, nur dort, wo sie gewöhnliche Bürger sind, deren Alltag der Kultur im Allgemeinen entspricht und eine Fülle an Mehrdeutigkeit mit sich bringt, in die der Autor tief eintauchen und beladen mit emotionalem Gold zurückkehren kann. Bis ich Delmore und Jehoshua unmittelbar nacheinander las, kam mir nicht in den Sinn, dass jüdisch-amerikanische Literatur – im Wesentlichen eine von Außenseitern – dieser besonderen Art von literarischem Reichtum beraubt ist und es schon immer war.

Und das führte mich an den Anfang meiner Überlegungen zurück: Warum habe ich mich niemals veranlasst gesehen, mein Schreiben innerhalb des Kontextes des amerikanischen Judentums zu verorten? Plötzlich erinnerte ich mich, dass in meiner Kindheit nur Jungen sozusagen darauf vorbereitet wurden, Amerikaner zu werden. Mädchen wurden darauf vorbereitet, Jungen zu *heiraten*, die Amerikaner werden würden. Mein Bruder, mein Cousin, meine männlichen Klassenkameraden würden das Viertel verlassen, sich gesellschaftlicher Erniedrigung und möglicherweise Schlimmerem stellen und um einen Platz in der größeren Welt kämpfen; wir Mädchen sollten zu Hause warten, ihre Ängste lindern, Mitgefühl haben, wenn sie versagten, und ihnen Mut machen.

Als ich an der Reihe war, Anspruch auf etwas zu erheben, das einem vorenthaltenen amerikanischen Geburtsrecht glich, tat ich es nicht als Jüdin, sondern als Frau, für die das Leben sich allmählich wie eine Metapher anfühlte. Es stimmt, der Jüdische-Einwanderer-aus-der-Arbeiterklasse war einst eine scheinbar in Stein gemeißelte Identität, doch jetzt in den siebziger Jahren war das nichts im Vergleich mit dem unabänderlichen Stigma, ins falsche Geschlecht geboren worden zu sein.

Wenn ich an jene Jahre zurückdenke, finde ich es am bemerkenswertesten, dass die Frauenbewegung fast von Anfang an vom Überbau her philosophisch und von ihren Forderungen her sehr konkret war. Ja, gleicher Lohn für gleiche Arbeit. Ja, bringt den Verfassungszusatz zur Abstimmung, der Frauen in den Vereinigten Staaten gleiche Rechte zusichern soll. Ja, legalisiert die Abtreibung und beendet die Diskriminierung am Arbeitsplatz. Doch gleichzeitig und um all diesen bodenständigen, politischen Aktionismus herum gab es die unendlich größere Einsicht, der zufolge die Politisierung des Lebens selbst einen enormen Stellenwert bekam. Eine feministische Perspektive nach der anderen – von Psychologinnen, Historikerinnen, Politologinnen und Literaturkritikerinnen – schien in ihrer Analyse der Verunsicherung und Abwehrhaltung die Gesamtheit der menschlichen Natur im Zentrum der gesellschaftlichen Konventionen anzusprechen, mit denen Frauen unterdrückt wurden. Der unausgesprochene Gesellschaftsvertrag, demzufolge Frauen ein halbes Leben leben, damit Männer den Mut aufbringen, ein ganzes Leben zu führen, wurde plötzlich im Licht tief sitzender Ängste betrachtet. Diese Ängste machten es fast unmöglich, den Verdacht aufrechtzuerhalten, dass man tatsächlich allein im Universum war, ohne verrückt zu werden. Die Anerkennung, dass Furcht vor menschlicher Einsamkeit die *Triebfeder des Sexismus* ist, überwog unter jenen von uns, die sich die Mühe machten, über die Ursachen nachzudenken. Und bald entdeckten wir, dass wir nicht die ersten Feministinnen waren, die diese Verbindungen herstellten.

Ich wusste nicht, wer Elizabeth Cady Stanton war – eine Frauenrechtlerin aus dem neunzehnten Jahrhundert? Eine Freundin von Susan B. Anthony? –, als mir irgendwann im Laufe dieses entscheidenden Jahrzehnts eine Feministin »Solitude of Self« in die Hand drückte, Stantons letzte Veröffentlichung. Schockiert und aufgeregt zugleich entdeckte ich, dass »wir da ja bereits schon einmal gewesen waren«.

1892 stand Elizabeth Stanton am Rednerpult der überfüllten Kongresshalle in Washington D.C., kurz bevor sie vom Vorsitz der National American Woman Suffrage Association zurücktrat. Es sollte ihre letzte öffentliche Rede als Anführerin der Bewegung sein. Sie blickte auf die mehreren tausend Gesichter vor ihr. In den letzten vierzig Jahren hatte sie sie oft vor sich gehabt, und sie waren sich einig gewesen; doch der Kampf um das Frauenwahlrecht war immer konservativer geworden, während sie nach wie vor radikal war, und jetzt spürte sie seit Längerem, wie tief das Zerwürfnis zwischen der geliebten Bewegung und ihr selbst geworden war. Das hatte sie in eine ungeahnte, tiefe Einsamkeit gestürzt, aber die Isolation hatte auch etwas Aufschlussreiches gehabt: Elizabeth konnte gefühlsmäßig nachvollziehen, was sie zuvor nur mit dem Verstand erfasst hatte.

Menschliche Beziehungen, das hatte sie schon immer gewusst, waren fragil, abhängig von der Zeit, den Umständen und dem Mysterium wechselnder Sympathien, trotzdem hatte sie früher nie daran gezweifelt, dass derartige Bindungen die Norm waren. Jetzt, da sie allein und ohne eine feste oder dauerhafte Unterstützung war, musste sie sich dem gefürchteten Vorwurf stellen, nicht normal zu sein. Plötzlich wurde ihr bewusst, dass Einsamkeit die Norm war und Bindung das Ideal, die Ausnahme, nicht die Regel des menschlichen Zustands. Die lange, befriedigende Konzentration auf die Rechte der Frau hatte ihr viele außergewöhnliche Einsichten verschafft, doch keine war so mächtig und bedeutend wie diese:

»Egal, wie viel lieber Frauen sich an jemanden anlehnen, sich beschützen und unterstützen lassen möchten«, begann Stanton, »egal ob Männer sich wünschen, dass sie das tun: Frauen müssen die Reise durch das Leben allein antreten ... Es spielt keine Rolle, ob der einsame Reisende ein Mann oder eine Frau ist; da die Natur sie beide gleich ausgestattet hat, überlässt sie sie in der Stunde der Gefahr ihrem eigenen Geschick und Urteilsvermögen, und wenn sie dem Moment nicht gewachsen sind, gehen beide zugrunde.«

Während ihres langen Lebens, so fuhr sie fort, sei sie zu der Erkenntnis gelangt, dass die Natur in puncto ungewollter Einsamkeit im höchsten Maße mit den gesellschaftlichen Strukturen zusammenwirkt. Sie habe gesehen, dass Menschen von Geburt an in einer unerklärlichen, rätselhaften Scham gefangen seien, die uns daran hindert, in größter Not Trost in der Gesellschaft des anderen zu suchen. Wir *schämen* uns für unsere eigene Verletzlichkeit:

Unsere bittersten Enttäuschungen, unsere größten Hoffnungen und Ambitionen kennen nur wir selbst ... Wir bitten nicht andere um Sympathie, wenn uns nach einer zerbrochenen Freundschaft oder einer gescheiterten Liebe Ängste quälen und wir leiden. Wenn der Tod uns von dem Liebsten scheidet, sitzen wir allein im Schatten unseres Schmerzes. Ebenso erleben wir die größten Triumphe wie die dunkelsten Tragödien allein.

Da Stanton einen großen politischen Instinkt besaß, verband sie diese Gedanken zwangsläufig mit der Notwendigkeit der Gleichstellung der Frau: Die absolute Einsamkeit eines jeden Lebewesens spreche ihrer Meinung nach am stärksten dafür, Frauen alle Mittel in die Hand zu geben, um ihren Aktionsradius zu erweitern. Aus dieser Perspektive kommt sie auf die unmittelbaren Folgen zu sprechen, die sich ergeben, wenn man den Frauen ihre Bürgerrechte vorenthält:

Das Gerede, man müsse die Frauen vor den Stürmen des Lebens schützen, ist blanker Hohn, denn von allen Himmelsrichtungen schlagen diese auf sie ein, genau wie auf den Mann, nur mit noch fataleren Ergebnissen, denn dem Mann wurde beigebracht, sich selbst zu schützen, zu widerstehen und zu erobern. Das sind die Tatsachen menschlicher Erfahrung ... reich und arm, intelligent und unwissend, weise und dumm, tugendhaft und heimtückisch, Mann und Frau; es ist immer dasselbe, jeder einzelne ist gänzlich auf sich selbst gestellt ... Den langen, mühsamen Marsch durch das Leben absolviert jeder für sich allein.

Es ist eine Einsamkeit, die jeder von uns in sich trägt, unzugänglicher als eisige Berge und tiefer als die See: die Einsamkeit des Ichs. Das innere Wesen, das wir unser Ich nennen und das kein Auge, keine Berührung eines Menschen oder Engels je durchdringen konnte. So ist das individuelle Leben. Wer, frage ich Sie, kann es wagen, das Recht, die Pflichten und die Verantwortung der Seele eines anderen Menschen auf sich zu nehmen?

Nichts in der jüdisch-amerikanischen Literatur hat mir je ein solch eindringliches Gefühl für mein Ich vermittelt, gleichermaßen gefangen in der Natur und in der Geschichte, wie »Solitude of Self«. Ich las es wie Poesie, so sehr fühlte es sich wie »die Sache selbst« an.

6

Tolstoi hat einmal gesagt, würde man ihn bitten, über soziale oder politische Themen zu schreiben, so würde er kein einziges Wort darauf verschwenden, bäte man ihn aber, ein Buch zu schreiben, das zwanzig Jahre nach seinem Erscheinen Menschen noch immer zum Lachen und Weinen brächte, oder dazu, das Leben noch stärker zu lieben als zuvor, würde er sein Bestes geben.

Eine Schriftstellerin, deren Werk mich oft dazu brachte, das Leben noch stärker zu lieben als zuvor, ist Natalia Ginzburg. Wenn ich sie las, und das habe ich über die Jahre hinweg immer wieder getan, geriet ich in jenen Rausch, den man erlebt, wenn man intellektuell daran erinnert wird, dass man ein empfindsames Wesen ist. Beim ersten Mal wurden mir die Augen für das eine oder andere bedeutsame Detail darüber geöffnet, wer ich im Augenblick des Lesens war; später, zu wem oder was ich wurde. Doch dann lebte ich lange genug, um mir selbst fremd zu werden – niemand war überraschter als ich, als ich die wurde, die ich bin –, und die erneute Lektüre von Ginzburg schenkte mir Trost und Erleuchtung.

Als ich zehn war, hielt die Lehrerin vor der Klasse einen Aufsatz von mir in die Höhe und sagte: »Dieses kleine Mädchen wird eine Schriftstellerin werden.« Ich glaube nicht, dass ich das Wort »Schriftstellerin« jemals zuvor gehört hatte, und bestimmt hatte ich keine Ahnung, was es bedeutete, aber ich erinnere mich, dass mich ein warmes, glückliches Gefühl durchströmte, als es im Zusammenhang mit mir benutzt wurde. Schon damals wusste ich, was mich beim Verfassen meines Aufsatzes so fasziniert hatte – als ich mit dem Füller in der Hand da saß und überlegte, wie ich die Wörter auf dem Blatt vor mir am besten ordnen sollte. Ich hatte etwas gespürt, was ich noch nie zuvor empfunden hatte: Nervenkitzel. Als die Lehrerin lobte, was ich geschrieben hatte, spürte ich diesen Nervenkitzel erneut und beschloss, mit dem »Schreiben« weiterzumachen. Was ich damals nicht wusste, und auch gar nicht wissen konnte, war, dass ich mich genötigt sehen würde zu schreiben, auch wenn ich kein Lob erhielt und es auf niemanden außer mir selbst eine besondere Wirkung haben würde.

Bald nahm das Schreiben eine zentrale Stellung in meinem Leben ein. Sobald ich mich hinsetzte und anfing zu schreiben, schien das von zahllosen Ängsten und Unsicherheiten geplagte Ich in meinem Innern zu verschwinden. Am Schreibtisch, mit einem Blatt vor mir, die Finger jetzt auf einer Tastatur, völlig versunken in dem Bemühen, meine Gedanken zu ordnen, fühlte ich mich sicher, ausgeglichen, unantastbar: hellwach und ruhig zugleich, weder abgelenkt noch unkonzentriert oder hungrig nach Dingen, die ich nicht hatte. Alles, was ich brauchte, war da, in diesem Zimmer, bei mir. *Ich* war da, in diesem Zimmer, bei mir. Nichts anderes in meinem Leben – weder Liebe noch die Verheißung auf Reichtum, Ruhm oder auch nur Gesundheit – würde mir jemals das Gefühl geben, mich so lebendig zu fühlen, so *eins mit mir* wie das Schreiben.

Natürlich würde ich großartige Romane schreiben – überwältigende, dramatische und weltverändernde Romane, die den Leser nach der Lektüre dazu brächten, das Leben noch mehr zu lieben – und entdeckte sehr bald, dass ich nicht das Talent besaß, um eine Geschichte zu schreiben, die gänzlich meiner Fantasie entsprang. Wenn ich den Versuch unternahm, eine solche Geschichte zu konzipieren, hatte ich das Gefühl, in einem Schwall von Worthülsen ohne literarischen Wert zu ertrinken: Die Absätze waren willkürlich gesetzt, die Sätze klangen falsch, die Worte lagen tot auf dem Blatt. Schrieb ich einen Brief, klang es natürlicher, echter. Nur wenn das Unverfälschte in mir zu Wort kam, teilten sich die Wellen, und ich konnte über das Wasser laufen: So fühlte es sich an, wenn das Schreiben im Fluss war.

Was tun? Mittlerweile war ich Ende zwanzig und hatte keine Ahnung, wie ich den großen amerikanischen Roman schreiben sollte, da ich ja nichts Fiktives zustande brachte. Dann las ich Natalia Ginzburgs »Mein Beruf« und erkannte den Ausweg.

Der Essay folgt den Spuren ihrer eigenen Lehrzeit als Schriftstellerin. Er erzählt von dem Traum eines talentierten Kindes, extravagante, umfangreiche und opernhafte Prosa zu schreiben, ohne die leiseste Ahnung zu haben, wie es sich der Aufgabe, eine Geschichte zu erzählen, nähern soll, weil es gar nicht wirklich weiß, was eine Geschichte eigentlich ist. Natalia weiß nur, dass sie wunderbare Sätze schreiben wird. Und das tut sie: Sie schreibt Sätze, in denen es um unheimliche Schlösser, entführte Jungfrauen, tyrannische Väter und gefährliche Liebhaber geht: »Ich wusste nichts von ihnen außer den Sätzen und Wörtern, die ich in Bezug auf sie benutzt hatte …« Sie verliebt sich in Sätze, von denen sie annimmt, dass sie die schwer zu fassende Geschichte aufspüren würden, und anschließend in die Figuren (in Wirklichkeit Marionetten), an denen sie die Geschichte *aufhängt*. Nach und nach wird deutlich, dass der Essay an sich, den Ginzburg geschrieben hat und den wir lesen, ein kleiner Bildungsroman ist, in dem die Autorin sich selbst beibringt, wie sie erwachsen werden und ihren Platz in der Welt als Mensch und als Schriftstellerin finden soll. Das ist die Geschichte.

Natalia Ginzburg, geborene Levi, kam 1916 in Palermo zur Welt, verbrachte aber ihre Jugend in Turin, wo ihr Vater Naturwissenschaften an der Universität lehrte. Die Familie war gebildet, kultiviert und liberal, dennoch war der Haushalt der Levis immerzu in Aufruhr. Der Vater war ein Tyrann, die Mutter eine fügsame Träumerin, und alle fünf Kinder neigten zu Melancholie. Natalia konnte es kaum erwarten, die Familie zu verlassen. 1938, mit zweiundzwanzig Jahren, heiratete sie Leone Ginzburg, einen russischstämmigen Intellektuellen, der schrieb, lehrte und zum Zeitpunkt ihrer Hochzeit bereits ein antifaschistischer Aktivist war. 1941 zog das Paar in ein ärmliches Dorf im Süden von Mittelitalien, nachdem Leone mit landinternem Exil bestraft worden war, und dort bekamen die beiden drei Kinder. Deren Geburt war für Natalia ein derart überwältigendes Erlebnis, dass sie begann, kurze Texte zu schreiben, aus denen die persönlichen Essays hervorgingen, die sie später berühmt machten. Nach Mussolinis Sturz im Jahr 1943 glaubten die Ginzburgs, nach Rom zurückkehren zu können: eine Fehleinschätzung, für die sie teuer bezahlten. Innerhalb von drei Wochen nach ihrer

Rückkehr in die Stadt wurde Leone verhaftet, in ein Militärgefängnis gesteckt und umgebracht.

Für Natalia nahm das Leben schwindelerregend an Fahrt auf, und ein neues Verlangen zu schreiben traf sie mit voller Wucht. Eine nicht gekannte Klarheit des Geistes verlieh ihrem Schreiben eine schockierende Authentizität. Der Trick, so erkannte sie, bestand darin, der momentanen Erfahrung absolute Aufmerksamkeit zu schenken und dann einen Weg zu finden, sie in Wörter zu fassen. Aus dieser wertvollen Erkenntnis heraus formte Ginzburg ihren brillanten minimalistischen Stil, ein Stil, den sie später mit fast allen Europäern teilte, deren Lehrmeister der Zweite Weltkrieg gewesen war.

1961 veröffentlichte sie einen Roman – ja, sie hatte sich beigebracht, Fiktion zu schreiben – mit dem Titel *Die Stimmen des Abends*. Das Buch fängt mit zwei Frauen an, einer Mutter und ihrer Tochter, die spazieren gehen. Eine erzählt, die andere sagt etwas. Ein Satz folgt auf den anderen, zusammenhanglos, als fände gar keine Kommunikation statt.

Meine Mutter sagte: »Ich habe einen Knoten im Hals.«

...

Meine Mutter sagte: »Was für ein schöner Haarwuchs (des Generals) in diesem Alter!«

...

Sie sagte: »Hast du gesehen, wie hässlich sein Hund geworden ist?«

...

»Wieso hat (der neue Arzt) mir hohen Blutdruck gemessen? Ich hatte immer niederen.«

Die Banalitäten setzen sich fort, in der wörtlichen Rede ebenso wie in der Erzählung. Ich weiß noch, dass ich beim Lesen dachte: »Wer sind diese Leute? Worüber reden sie? Ihre Sprache ist ermüdend, die Situation langweilig, was soll das?« Bei der zweiten Lektüre erkannte ich, dass sie sich selbst und der jeweils anderen etwas sagten und antaten, was beängstigend war, doch der Tonfall, der die Erzählung überlagerte – verschwommen, traumhaft, fast wie betäubt – verdunkelte die Handlung. Und dann fiel der Groschen: All das Reden fand unmittelbar nach dem Zweiten Weltkrieg statt. Der Krieg war das Leck, die Lücke, die schreckliche Energielosigkeit im Zentrum eines bemerkenswerten Romans, verfasst von einer Schriftstellerin, die ein feines Gespür für die Poesie inmitten einer menschlichen Katastrophe besitzt.

Ginzburgs Essays jedoch, die ebenso zügig erschienen wie ihre Romane, sprachen mich viel stärker an; mit der Zeit kam es mir immer mehr so vor, als seien sie eigens für mich geschrieben worden. In den Essays beobachteten wir die Entstehung einer Erzählerin, die mit derselben Innerlichkeit sprach, die auch ihre Romane prägte und dabei einen so differenzierten Ton und Blick entwickelte, dass sie der klassischen Kunst, aus nüchterner Prosa Metaphern zu schmieden, eine modernistische Wendung verliehen. Bei der Lektüre dieser Essays hatte ich schon beim ersten Mal das Gefühl, Anweisungen von einer Meisterin zu erhalten, die mir zeigte, wie ich zu der Schriftstellerin werden konnte, die in mir schlummerte.

Zu meinen frühen Lieblingstexten gehörte der bekannte Aufsatz »Er und ich«, in dem Ginzburg das Leben mit ihrem zweiten Ehemann literarisch verarbeitet. Vordergründig eine freche, amüsante Aufzählung ehelicher Differenzen, in

Wahrheit aber eine Tour-de-Force-Demonstration dessen, was es *in Wirklichkeit* bedeutet, mit den nebensächlichen Entscheidungen zu leben, die uns die meiste Zeit unseres Lebens hin und her schubsen. Wenn wir uns eine der selbstverständlichsten Erfahrungen des Lebens genau ansehen – die Ehe, seit Anbeginn der Zeit geliebt und ehrfürchtig zelebriert, in die man öfter als gewollt nur hineinstolpert und die man anschließend erträgt –, sehen wir, wie die Erzählerin versucht, den Knoten zwischen den gegensätzlichen Persönlichkeiten eines Paares (hier: ihr Mann und sie selbst) zu entwirren, die in einer anscheinend nur die Erzählerin betreffenden Situation aneinanderkleben: Er, er ist schuld an allem! Erst allmählich erkennt sie, wie sehr sie an der unseligen Verbindung eine Mitschuld trägt. An einer Stelle, als sie ihrem Mann vorwirft, sie mit seinen ständigen Zornausbrüchen zu tyrannisieren, erkennt sie, dass sie nörgelt, während er schreit. »Wenn ich aber entdecke, dass er einen Fehler gemacht hat, so halte ich ihm den bis zur Verzweiflung vor.« Es dämmert ihr, dass das Geschrei und die Nörgelei zusammen eine Dynamik entwickeln, die zum Nährboden für die Ambivalenz wird, aus der die für die Beziehung charakteristischen Irritationen entstehen.

Diese Entdeckung ihres eigenen Anteils an der desaströsen Beziehung weckt in der Erzählerin eine erschreckende Erkenntnis. Ist es nicht erstaunlich, grübelt sie, wie sehr wir uns verbiegen, wie viele unglaubliche Kompromisse wir eingehen und ein Leben lang eine Mischung aus Glück und Unglück ertragen, nur um nicht allein zu sein? Der Leser reißt die Augen auf, als ihm klar wird, wie mächtig diese doppelte Verblendung wirkt.

Die Einsicht der Erzählerin von »Er und ich« über ihren eigenen Anteil an diesen komplexen Vorgängen war für mich ein Schlüsselerlebnis. Ich erkannte sie als organisatorisches Prinzip hinter dem Text, als das Element, das ihm Dimension und Struktur verleiht, ihn ins Reich dramatischen Schreibens erhebt. Diese Erleuchtung war eng mit der einzigen Lektion verbunden, die ich brauchte, um meine eigene Entwicklung entscheidend voranzubringen.

In der Literatur kommt ein Ensemble von Figuren zum Einsatz, die teils für, teils gegen den Autor sprechen. Wenn er sie sich frei entwickeln lässt, erreicht er Dynamik. Als Sachbuchautor hat man nur sein eigenes unverfälschtes Ich, mit dem man arbeiten kann. Man muss also das »andere« in sich selbst suchen, um die notwendige Dynamik zu erreichen. Ein Text entwickelt sich unweigerlich nur dann, wenn der Erzähler sich nicht auf ein Bekenntnis einlässt, sondern Selbstforschung betreibt, eigentlich sogar Selbstentblößung. Den eigenen Anteil an der Situation entscheidend zu nutzen – also den furchtsamen, feigen oder sich selbst etwas vormachenden Anteil – verleiht dem Essay eine narrative Spannung. Diese Entdeckung war Natalia Ginzburgs großes Geschenk an mein schriftstellerisches Schaffen und von zentraler Bedeutung, nicht nur, damit ich die Art des Schreibens fand, für die ich am besten geeignet war, sondern damit ich persönliche Erfahrungen mit denselben Mitteln darstellen lernte, mit denen ein Romancier das Innenleben der Charaktere in seinem Roman oder seiner Kurzgeschichte erforscht.

Wie alle ernsthaften Schriftsteller war Ginzburg stets darauf bedacht, die Konflikte zu identifizieren, die einen freundlichen Umgang miteinander verhindern. Und wie Montaigne scheute sie nicht davor zurück, sich selbst als Versuchskaninchen *par excellence* einzusetzen und ihre persönliche Entwicklung weg von einem falschen Verständnis für menschliche Solidarität zurückzuverfolgen, das sie bereits an sich entdeckt hatte, als sie begann, ernsthaft über das Verhalten der anderen nachzudenken. Insgesamt erscheinen Ginzburgs Essays dem Leser manchmal wie eine echte Pilgerreise, auf der ihre Erzählerin den Preis erforscht, den man für eine ungewöhnliche Sicht auf sich selbst bezahlen muss.

»Das Problem unserer menschlichen Beziehungen steht im Mittelpunkt unseres Lebens: Sowie uns das bewusst wird, das heißt, sowie es sich uns als ein deutliches Problem und nicht mehr als konfuses Leiden darstellt, beginnen wir, seine Spuren zu suchen und unser Leben lang seine Geschichte zu rekonstruieren«, schreibt sie. So beginnt »Menschliche Beziehungen«, ein Essay, der seine Autorität gerade daraus bezieht, dass die brillante Erforschung der eigenen emotionalen Geschichte durch die Autorin ihm erzählerischen Schwung verleiht.

Zu Beginn bekennt sie, dass sie fast ihr Leben lang gebraucht hat, um die Ernsthaftigkeit dessen zu begreifen, was sie im Begriff ist zu untersuchen, und dass sie bestimmt den ganzen Aufsatz darauf verwenden wird, menschliche Beziehungen in ihrer Gesamtheit zu erfassen. Wir werden also darauf vorbereitet, dass sie die Dinge erst im Verlauf des Schreibens völlig durchdenken wird. Und ach ja, sie wird in der ersten Person Plural sprechen, da sie davon ausgeht, dass dies die Stimme ist, die es dem Leser am besten ermöglicht, sich in ihrem Befund auch selbst wiederzuerkennen.

Ginzburg beginnt mit der emotionalen Gewalt, die in ihrer Herkunftsfamilie herrschte, und erinnert sich, wie schlimm es für sie und ihre Geschwister war, dass ihre Eltern sich ständig anschrien und alle im Haushalt unter den unerhörten Stimmungsschwankungen des Vaters litten. Der Selbstschutz erforderte die Entwicklung emotionaler Distanz, und die wiederum forderte zuweilen ihren Tribut. In der Jugend begann sie, sich selbst fremd zu werden, setzte ein »versteinertes Gesicht« auf und reagierte aggressiv auf alle in ihrer Umgebung, die ihr ebenso unwirklich erschienen: »Wir bleiben manchmal den ganzen Nachmittag allein in unserem Zimmer, um nachzudenken: Mit einem unbestimmten Schwindelgefühl fragen wir uns, ob die anderen wirklich existieren oder ob wir sie erfinden ... Wird es uns nicht passieren können, vielleicht, daß wir eines Tages, wenn wir uns unvermutet umdrehen, nichts vorfinden, niemanden, den Kopf über die Leere recken werden?«

Mit der Zeit erlaubt ihr dieses allumfassende Gefühl geistiger Distanz die perverse Freude, anderen gegenüber grausam zu sein: »Der Freund, mit dem wir keinen Umgang mehr pflegen, leidet indessen unseretwegen ... Wir wissen es, haben aber keine Gewissensbisse: Im Gegenteil, es bereitet uns sogar eine Art dumpfes Vergnügen, denn wenn jemand unseretwegen leidet, ist es ein Zeichen dafür, daß wir die Macht in unseren Händen halten, jemanden leiden zu lassen.« Da ist es: das Verbrechen emotionaler Irrealität, das ihr Leben und ihr Werk begleiten wird.

Sie wächst auf, heiratet und bekommt Kinder, und dann spürt sie zum ersten Mal die nackte Angst: »Wir wussten nicht, daß in unserem Körper so viel Angst steckte ... (wir) kehren überstürzt zu jener einzigen, herzzerreißenden Zärtlichkeit zurück.« Ihre Rüstung bekommt Risse. Als die Katastrophe kommt – der Krieg, der Verlust ihres jungen Ehemannes, der Tod, der vom Himmel regnet, die in den Trümmern zurückgelassenen Kinder –, merkt sie zu ihrer Überraschung, dass sie an einer Gemeinschaft des Leidens beteiligt ist: »Wir lernen, den erstbesten, der vorbeikommt, um Hilfe zu bitten.« Aber auch »... dem erstbesten, der vorbeikommt, Hilfe zu geben.« Diese Erfahrung verändert sie. Jetzt fühlt sie sich endlich real, denn »wir sind erwachsen durch jenen kurzen Augenblick, den wir eines Tages erlebt haben, als wir die Dinge der Erde angesehen haben, als wäre es das letzte Mal.« Und »in jenem Augenblick haben wir ein Gleichgewicht für unser schwankendes Leben gefunden.« Fortan war es ihr, als könnte sie »... den Nächsten mit stets gerechtem und freiem Blick ansehen, nicht mit dem ängstlichen oder verächtlichen Blick dessen, der sich immer fragt, in Gegenwart seines Nächsten, ob er sein Herr oder sein Knecht sein wird.«

Unsere Erzählerin lebt lange genug, um zu erkennen, dass man das, was man anderen antut, irgendwann zu einem zurückkommt. Der Kreislauf ihrer Weisheit schließt sich: »Wir sind nun so erwachsen, daß unsere heranwachsenden Kinder schon beginnen, uns mit versteinerten Augen zu betrachten: Wir leiden darunter, obwohl wir doch genau wissen, was dieser Blick bedeutet ... wie diese lange Kette der menschlichen Beziehungen abläuft, die lange notwendige Parabel, der ganze lange Weg, den wir zurücklegen müssen, um so weit zu kommen, daß wir ein wenig Erbarmen haben.«

Ah, die versteinerten Augen! *Familienlexikon* heißt das Memoir, das Ginzburg mit siebenundvierzig Jahren schrieb, als sie sich ihrer Schreibkunst sicher genug fühlte, um der Geschichte, die sie *noch immer* erzählen wollte, gerecht zu werden: woher diese versteinerten Augen kamen.

»Wenn bei uns zu Hause, als ich noch ein Kind war,« so beginnt sie, »meine Geschwister oder ich bei Tisch ein Glas umstießen oder ein Messer fallen ließen, dann donnerte die Stimme meines Vaters: Benehmt euch nicht rüpelhaft! Wenn wir die Sauce mit Brot auftunkten, rief er: Schleckt die Teller nicht aus! Macht kein Geschmier! Macht keine Sudeleien! ... Wir lebten zu Hause immer unter dem Alpdruck der Zornausbrüche meines Vaters, die plötzlich und häufig bei geringfügigen Anlässen explodierten, wegen eines Paars Schuhe, das er nicht fand, wegen eines Buches, das nicht an seinem Ort stand, wegen einer ausgebrannten Lampe, wegen einer kleinen Verspätung beim Essen ...«

Der explosive Vater, ein durch und durch unzufriedener und reizbarer Mann, brüllt durch das ganze *Familienlexikon* und stößt wahllos Befehle aus – »Sitzt gerade ... Fangt kein Gespräch mit einem Reisegefährten im Zug oder einem Passanten auf der Straße an ... Zieht nicht die Schuhe im Wohnzimmer aus, um euch die Füße am Heizkörper zu wärmen ... Beklagt euch nicht beim Bergsteigen über Durst, Müdigkeit, Blasen an den Füßen« – aus keinem anderen Grund, als dem fast verrückten Bedürfnis, Macht über seine unterdrückte Frau und seine Kinder auszuüben. Im gesamten Buch sehen wir ihn nur als Summe seines Unvermögens. Er ist ein häuslicher Tyrann, verantwortlich für eine ganze Gruppe von Menschen, die durch die Jahre wandern, in sich selbst gefangen und nur darauf bedacht, die Angst, die sie in der Gegenwart des Vaters beherrscht, oder die Erleichterung in seiner Abwesenheit zu überleben.

Die Mutter wiederum, auf den Zustand eines zurückgebliebenen Kindes reduziert, lebt mit Scheuklappen, schaut weder nach links noch nach rechts, nur geradeaus auf die kleinen Freuden, die ihr geblieben sind, meistens jene, die sie aus der Gesellschaft ihrer Söhne zieht: »›Auch Gino ist schön‹, sagte dann meine Mutter. ›Und er ist so sympathisch. Mein Ginetto! Mir gefallen nur meine Kinder. Ich bin nur mit meinen Kindern glücklich!‹«

So steht Natalia mit ihrem versteinerten Gesicht innerlich allein da, nicht völlig entfremdet, aber auf keinen Fall geerdet. Ziemlich beiläufig lässt sie uns wissen, dass sie das Kind ist, für das die Mutter zwar Zuneigung empfindet, aber bei dem sie fast keine Nähe zulässt. »In der ersten Zeit nach der Heirat weinte meine Mutter häufig, weil Paola (Natalias Schwester) nicht mehr zu Hause war. Meine Mutter und Paola waren immer sehr verbunden gewesen und hatten sich immer sehr viel zu erzählen gehabt ...« Was sie selbst betrifft, gesteht sie: »[Meine Mutter] war nicht eifersüchtig auf meine Freundinnen ... Als ich heiratete, litt meine Mutter auch nicht so viel ... sie empfand mein Fehlen im Haus nicht so stark, teils, weil ich, wie sie sagte, verschlossen war ...«

Das ging auch ihren vier Geschwistern so, die einander als Erwachsene ebenso undurchsichtig erscheinen – »gleichgültig und verschlossen« – wie schon als Kinder. Wenn sie sich als Erwachsene treffen, ist alles, was sie gemeinsam haben, ein bitteres Vergnügen an eine Erinnerung aus der Vergangenheit: »Es genügt, uns zu sagen: Wir sind nicht nach Bergamo gekommen, um einen Ausflug zu machen ... um mit einem Schlag unsere alten Beziehungen, unsere Kindheit und unsere Jugend wiederzufinden, die untrennbar mit diesen Sätzen, mit diesen Worten verbunden sind.«

Bei Romanen wissen wir, dass die Geschichte von gewöhnlichen Menschen erzählt wird, die, geprägt durch ein toxisches Umfeld, versuchen die Scherben aufzusammeln. Beim *Familienlexikon* ist das toxische Umfeld eher durch die Familie selbst verkörpert als durch die Zeit, in der das alles geschieht. Doch in beiden Fällen sieht man, wie die Protagonistin durch eine emotionale Wüste irrt, die dem Schreiben eine surreale Qualität verleiht. Und um das unmissverständlich klarzumachen, ist die Familienchronik voll von jener Art unzusammenhängender Absätze, die den modernen Roman kennzeichnet:

> *Alberto war vergnügt wie immer, als er ins Internat ging. Wenn er in den Ferien nach Hause kam, erzählte er, daß in diesem Internat, wenn es bei Tisch Omelette gab, plötzlich ein Glockenzeichen ertönte, der Direktor eintrat und sagte: Ich mache darauf aufmerksam, daß das Omelette nicht mit dem Messer zerschnitten wird. Ein zweites Glockenzeichen, und der Direktor verschwand. Mein Vater ging nicht mehr Ski laufen. Er sagte, er sei zu alt geworden. Meine Mutter hatte immer gesagt: Verflixte Berge! – sie, die nicht Ski laufen konnte und zu Hause blieb; aber jetzt bedauerte sie, daß mein Vater nicht mehr Ski laufen ging.*

Es ist der Ton, der Tonfall, der seltsame Ort, an dem sich die Erzählerin anscheinend befindet, und die noch seltsamere Perspektive, aus der sie ihre eigene psychologische Entwicklung betrachtet; diejenige, die mir sagt, dass Ginzburg schreibt, um mich wissen zu lassen, dass auch sie sich selbst fremd ist.

7

Vor einigen Jahren erwähnte eine bekannte Rezensentin ein Buch, das sie zum ersten Mal wieder gelesen hatte, seit es fünf Jahre zuvor erschienen war. Sie sei erstaunt, schrieb sie, wie gut das Buch sei, und entsetzt, dass sie es bei seinem Erscheinen derart gnadenlos verrissen habe. »Ich muss schlecht gelaunt gewesen sein«, bemerkte sie, »und sicher auch unempfänglich.«

Ah, Empfänglichkeit! Auch bekannt als Bereitschaft. Emotionale Aufgeschlossenheit, verantwortlich für jede erfolgreiche Verbindung zwischen einem Buch und seinem Leser – genau wie zwischen Menschen –, ist das tiefste aller menschlichen Geheimnisse: Von ihr hängt jede Form menschlichen Lebens ab. Wie viel Zufall ist doch im Spiel, wie oft lassen wir völlig willkürlich etwas zu oder auch nicht, das sich später als eine der wichtigsten Beziehungen in unserem Leben erweisen wird – oder hätte erweisen können. Wie oft fährt lebenslangen Freunden oder Liebhabern ein Schauer über den Rücken, wenn sie sich vorstellen: »Was wäre gewesen, wenn ich dich zu einer anderen Zeit kennengelernt hätte ...« Genauso verhält es sich zwischen einem Leser und einem Buch, das zu einem vertrauten Freund wird und dem man anfangs möglicherweise weder aufgeschlossen noch zugewandt begegnet ist, weil man nicht in der richtigen Stimmung war; mit anderen Worten, weil man nicht bereit war.

Ende der achtziger Jahre las ich einen britischen Roman, der nach dem Ersten Weltkrieg spielte und in dessen Mittelpunkt ein heimgekehrter Veteran stand. Es war ein kleines, leises Buch, so einfühlsam geschrieben, dass es fast poetisch war. Einige Jahre später folgte ein anderes Buch über denselben Krieg; diesmal ging es um Patienten in einem Lazarett, die an »Kriegsneurosen« litten, und es war so dick und rau wie das erste kurz und intensiv gewesen war. Es handelte sich um *Ein Monat auf dem Land* von J. L. Carr und *Niemandsland* von Pat Barker (der erste Band ihrer Trilogie über den Ersten Weltkrieg). Als ich beide neulich wieder las, hatte ich das seltsame Gefühl, das dickere (*Niemandsland*) nötige mich, dem dünneren (*Ein Monat auf dem Land*) eine Art von Aufmerksamkeit entgegenzubringen, die ich ihm zuvor verweigert hatte: nämlich das Buch als Ganzes statt als Teil von etwas anderem zu sehen. Damit meine ich Folgendes:

Im Vorwort zu *Ein Monat auf dem Land* schreibt der Autor, er habe zunächst im Sinn gehabt, eine »nette unterhaltsame Geschichte« über ein Ereignis in seinem Leben zu schreiben, das ein halbes Jahrhundert zuvor stattgefunden hatte. Am Ende des Vorworts jedoch bemerkt er, dass sich während des Schreibens der Tonfall, den er dem Erzähler gegeben hatte, unmerklich veränderte. Das ursprüngliche Vorhaben »zerrinnt einem zwischen den Fingern ... Und so ertappe ich mich dabei, wie ich durch ein anderes Fenster auf eine dunklere Landschaft blicke, die weder von der Gegenwart noch von der Vergangenheit bewohnt war.« Als ich den Roman in den achtziger Jahren las, ignorierte ich diese warnenden Worte des Autors. Jahrelang war mir nur Carrs »ländliche Idylle« als Absichtserklärung im Gedächtnis haften geblieben.

Ein Monat auf dem Land beginnt damit, dass sich der Erzähler an den Sommer 1920 zurückerinnert, als er aus dem Krieg heimkehrt und vor dem Nichts steht: Er ist pleite, arbeitslos, seine treulose Frau hat ihn verlassen, und er hat nicht die leiseste Ahnung, wie er all die Scherben aufsammeln soll. Dann liest er in einer Zeitungsannonce, man habe unter der weiß gekalkten Wand einer Dorfkirche in Yorkshire einen Teil dessen entdeckt, was man für eine Wandmalerei aus dem Mittelalter halte und suche einen geeigneten Restaurator. Zufälligerweise ist unser Erzähler (Tom Birkin) von Beruf Restaurator. Seine Bewerbung wird angenommen, und er fährt in den Norden. Fortan erzählt das Buch die Geschichte dieses denkwürdigen Sommers.

Jetzt erinnerte ich mich daran, wie sehr sich der Erzähler freut, als er die Stelle bekommt, nicht aber an die kritischen Umstände, aus denen er gerettet wird. »Das Wunderbare war indes, dass ich in dieser Oase des Friedens gelandet war und mir einen Sommer lang über nichts anderes den Kopf zerbrechen müsste, als dieses Wandgemälde freizulegen. Und wer weiß, vielleicht könnte ich anschließend einen Neuanfang machen und vergessen, was der Krieg und die Streitereien mit Vinny bei mir angerichtet hatten, und ein neues Kapitel in meinem Leben aufschlagen. Das war es, was ich brauchte, dachte ich – einen Neuanfang, und hinterher würde ich vielleicht kein allzu Versehrter mehr sein.« Als ich das Buch erneut las, bemerkte ich, dass ich den letzten Teil des letzten Satzes vergessen hatte: »... vielleicht kein allzu Versehrter mehr sein.« Ich erinnerte mich nur an: »einen Neuanfang«.

Tom zieht in den Glockenturm der Kirche, lebt von Brot und Käse und arbeitet geduldig daran, das Wandgemälde des Jüngsten Gerichts aus dem vierzehnten Jahrhundert unter Schichten von Kalk freizulegen. Zwischen den Arbeitsstunden, die seine ganze Aufmerksamkeit erfordern, hat er Kontakt mit den Dorfbewohnern, die in Scharen in die Kirche kommen, um sich den Restaurator anzusehen. Der erste ist sein Arbeitgeber, der halsstarrige Vikar Reverend J. G. Keach; dann folgen Moon, ein Veteran wie er, der ebenfalls dafür bezahlt wird, etwas zu retten, das an die Zeit verloren gegangen ist; die Ellerbecks, eine warmherzige Familie aus dem Dorf, die Tom willkommen heißt und darauf besteht, dass er bei ihnen isst und die Feiertage mit ihnen verbringt; und schließlich auch Keachs Frau, die schöne, unglückliche Alice. Mit ihr verfällt er einem träumerischen Verlangen, parallel zu seiner wieder erwachenden Lebensfreude, die durch die Arbeit an dem Wandgemälde langsam, aber stetig wächst. Die Verheißung der Erzählung besteht darin, dass diese miteinander verbundenen Entwicklungen einen Keil zwischen Tom und sein übermächtiges Gefühl von andauernder Stagnation treiben werden.

Gleich zu Anfang erfahren wir, dass Tom ein Überlebender der schrecklichen Dritten Flandernschlacht ist, seitdem stottert und an Nervenzuckungen leidet, aber keineswegs als Nihilist aus dem Krieg zurückgekehrt ist: »Zum Beispiel schien das Leben, nachdem wir uns selbst aus dem blutigen Schlamassel herausgezogen hatten, mit einem Mal schöner und strahlender, als wir es in Erinnerung gehabt hatten.« Im Gegensatz zu Moon, der so etwas wie ein zynischer Drückeberger ist, kann Tom nicht anders als seine Arbeit ernst zu nehmen, und weil er das tut, wird die Restaurierung für ihn sehr bald lebendig: »Am Ende des zweiten Tags trat ein edler Kopf [von Christus] zutage ... Das war kein Christus aus dem Katalog, unerträglich blass und ätherisch. Das hier war ein frostiger Vertreter der harten Linie. Gerechtigkeit ja, Gerechtigkeit würde er erteilen. Aber keine Gnade.« Das Gemälde, das ihn so fasziniert, ist frei von jeglicher religiösen Banalität, und das überrascht ihn: die Tugendhaften darin wirken »selbstgefällig [und] uninteressant«, vor allem verglichen mit »der Lebendigkeit ihrer Mitbrüder ..., die zu ewigen Qualen verdammt waren.«

Die Freude, die Tom in jeder Phase der Restaurierung empfindet, ist spürbar. Zunächst das Vergnügen an dem Material: »Der Umhang des Zweiten war ein prachtvolles Gewand – rot mit grünem Futter. Ein sehr gutes Rot, das beste, was es gab, hier hatte der Maler nicht gegeizt.« Und mit jedem Tag, an dem er sich mehr in die Arbeit vertieft, wächst seine Fähigkeit, ins Leben einzutauchen, das er in dem Gemälde erblickt, und sehr bald erkennt er den potenziellen Nutzen: »Worauf ich hinaus will, ist, dass man sich erst einmal einen Zugang zum Mittelalter schaffen muss, um die Zusammenhänge zu begreifen. Die Menschen damals waren nicht einfach wie wir, nur in prächtigen Kleidern, die Höhergestellte geihrzt und geeuchzt und ›Gehabt Euch wohl‹ gesagt und sich überhaupt einer für unsere Ohren geschraubten Sprechweise bedient haben. Im Gegensatz zu uns standen ihnen nur wenige Arten der Zerstreuung zur Verfügung – zwischen Geburt und Tod, Schlaf und Arbeit und den Gebeten, die sie an den allmächtigen Vater und seinen leidgeprüften Sohn richteten, wenn das Leben sie mal wieder arg beutelte. Bei meiner Tätigkeit hilft es, wenn man die Kerzen riechen kann ... wenn man sehen kann, wie ihr Rauch zwischen den Bildern emporwabert ... nun, dann legt man sich noch ein bisschen mehr ins Zeug, dann macht man sich nicht nur mit alkoholischer Salzsäurelösung, sondern auch mit Gefühl ans Werk.«

Und voilà: am Ende des Sommers ist das ganze Wandgemälde freigelegt, und Tom steht vor einem Meisterwerk: »Es war schlicht atemberaubend ... Ein gigantischer Wasserfall aus Farben, das erhabene Himmelsblau vermischte sich weiter unten schäumend mit den turbulenten Rottönen, wie jedes große Meisterwerk erschlug es den Betrachter in seiner Gesamtheit, ehe es ihn mit den Einzelheiten entzückte.«

Es ist Toms glorreicher Augenblick, der einzige, den er sich erlaubt: das Privileg des Eingeweihten, der allein vor der herrlichen Wandmalerei steht »... bevor der Kunstkritiker der *Times* Wind davon bekommt und verkündet, dass es hier ein ikonografisches Wunder zu bestaunen gibt, und die akademischen Parasiten herbeitrommelt, um dem Bilde seine Magie zu rauben.«

Während das Wandgemälde ein vibrierendes menschliches Miteinander ausstrahlt, macht er selbst in dieser Hinsicht kaum Fortschritte. Hier ist unmittelbares Handeln gefragt, doch allmählich sehen wir, dass Tom dazu nicht in der Lage ist. Alice Keach, die Ehefrau des Vikars, fühlt sich von Tom ebenso stark angezogen wie er von ihr. Wiederholt versucht er, sich der beiderseitigen Zuneigung zu stellen, wiederholt verlässt ihn der Mut, wiederholt droht die Erregung zwischen ihnen zu erlöschen. Eines Tages fragt Alice ihn, ob er an die Hölle auf Erden glaube. Er *weiß*, dass sie ihre Ehe meint, trotzdem weicht er aus, räuspert sich verlegen und antwortet stockend, das käme darauf an, die Hölle bedeute für jeden Menschen etwas anderes. Und sie macht einen Rückzieher. »Oh«, sagte sie. »Tut mir leid. Es war eine dumme Frage ...« Und jetzt weiß er, dass er alles vermasselt hat. Er lässt den Augenblick ungenützt verstreichen. »Ich hätte einfach nur ihre Hand

ergreifen und sagen sollen: ›Hier bin ich. Frag mich. Jetzt. Die Frage, die du eigentlich stellen wolltest! Stell sie. Solange ich noch hier bin. Frag mich, bevor es zu spät ist.‹«
Von nun an senkt sich eine verträumte Traurigkeit über das Narrativ. Die Leere in Toms Seele erlangt existenzielle Bedeutung. Der Sommer geht zu Ende, die Arbeit ist getan, Tom ist nun bereit, das Dorf zu verlassen. Alice kommt vorbei, um sich zu verabschieden und steigt zum ersten Mal in den Glockenturm hinauf, sie steht oben mit ihm und schaut auf die Welt, die sie bald voneinander trennen wird. Beide werden von der Spannung ihrer unausgesprochenen Gefühle fast zerrissen. Dann dreht sich Tom, der hinter Alice steht, um und zeigt auf die Stelle, wo Moon gearbeitet hatte.

Im selben Moment drehte sie sich zu mir hin, sodass ihre Brüste gegen meinen Körper pressten. Und während wir beide auf die Wiese hinabblickten, rückte sie nicht von mir weg, wie sie es leicht hätte tun können. ... In diesem Moment hätte ich den Arm um ihre Schultern legen, ihr Gesicht zu mir hin drehen und sie küssen sollen. Ich hätte die Gelegenheit beim Schopf packen sollen. Deshalb war sie gekommen. Das hätte alles verändert. Mein Leben, ihres. Wir hätten über uns reden und laut aussprechen müssen, was wir beide wussten, und hätten uns dann vielleicht vom Fenster abgewandt und uns auf meinem provisorischen Lager geliebt. Und danach wären wir zusammen weggegangen, womöglich schon mit dem nächsten Zug. Mein Herz raste. Ich atmete schwer. Sie lehnte sich an mich, wartete. Und ich tat nichts, sagte nichts.

Das Herzeleid allen nicht gelebten Lebens ist in diesem Absatz festgehalten, und die Melancholie buchstäblich mit den Händen greifbar. Die Leistung des Buches besteht darin, dass beim Realisieren seiner schrecklichen Endgültigkeit deren Kraft am eigenen Leib spürbar wird. Sie existiert seit Anbeginn der aufgezeichneten Zeit: Die Menschheit wurde nicht mit den nötigen Mitteln ausgestattet, um an sich selbst zu glauben.

An einer Stelle von *Niemandsland* bemerkt der Dichter Wilfred Owen, einer der Protagonisten, dass die Kriegsgedichte von Siegfried Sassoon, einem anderen Protagonisten, sehr kurz seien. »Nun ja«, entgegnet Sassoon, »es eignet sich nicht für Epik, oder?« An einer andere Stelle bemerkt Sassoon selbst: »Manchmal, wenn man allein ist, ich meine, im Schützengraben, nachts, dann hat man ein Gefühl von etwas ganz Altem. Als ob diese Schützengräben schon immer dagewesen wären ... Es ist, als ob dieser Krieg irgendwie ... ein Destillat aller früheren Kriege wäre, und damit wird er zu etwas ... dem man nicht gewachsen ist.« Und da, an dieser Stelle, erscheint uns der Weltkrieg – der Große Krieg, derjenige, der alle anderen Kriege beenden soll – tatsächlich episch.

Wir schreiben das Jahr 1917, der Ort ist das Craiglockhart War Hospital, eine Einrichtung einige Meilen außerhalb von Edinburgh. Die Briten haben sie eigens gebaut, um dort Soldaten zu behandeln, die an Nervenzusammenbrüchen leiden, sogenannten »Kriegsneurosen«, während der Krieg noch immer in Frankreich wütet. Die Charaktere des Romans sind die Soldaten selbst – manche von ihnen (Owen und Sassoon zum Beispiel) sind historisch genauso echt wie Craiglockhart, die meisten (vor allem Billy Prior) jedoch sind wunderbar erfundene Figuren. Über das alles wacht W. H. R. Rivers, Arzt und Anthropologe (eine authentische Figur), im Krieg einer der ersten Psychoanalytiker, der begriff, dass seine geschädigten Patienten keine Feiglinge oder Drückeberger waren, sondern schlicht der lebendige Beweis dafür, was Menschen widerfahren kann, wenn eine Hälfte der Menschheit sich anschickt, die andere Hälfte umzubringen.

In Craiglockhart gibt es erwachsene Männer, die ohne Unterlass stottern, schreien und halluzinieren, monatelang schweigen, dasitzen und auf etwas starren, das nur sie sehen können oder vor Panik anfingen zu zittern, wenn ein Elternteil oder die Ehefrau das Zimmer betritt. Das Ensemble dieser entwurzelten Seelen umfasst:

Burns, der unter schrecklichen Zuckungen leidet, sich weigert zu essen und sich jede Nacht übergibt, wenn er aus einem immer wiederkehrenden Albtraum erwacht.

Willard, der an einem Rollstuhl gefesselt ist und entgegen allen medizinischen Befunden behauptet, er könne nicht laufen.

Anderson, ein Arzt, der den Anblick von Blut nicht mehr ertragen kann, bei der Vorstellung, wieder als Arzt arbeiten zu müssen, schaudert, und eines Tages in einer Lache seines eigenen Urins auf dem Boden liegt: *Seine* Albträume halten alle Bewohner des Stockwerks wach.

Und dann gibt es noch den unvergleichlichen Billy Prior, der stumm im Krankenhaus ankommt und als Antwort auf alle ihm gestellten Fragen auf einen Notizblock ICH KANN MICH NICHT ERINNERN schreibt.

Der Roman dreht sich um den Protagonisten William Rivers, den eigentlich anständigsten Menschen in diesem

Buch, zugleich aber auch der Inbegriff britischen Pflichtbewusstseins. Er sieht seine vordringliche Aufgabe darin, diese Menschen von der Verzweiflung zu heilen, in der sie versunken sind, damit man sie anschließend in die Schützengräben zurückschicken kann. Niemand kennt die bittere Ironie seiner Aufgabe besser als Dr. Rivers selbst. Er hat sich verpflichtet, in Craiglockhart zu arbeiten und die Nervenzusammenbrüche von Menschen zu untersuchen, von denen er weiß, dass sie diese ohne den Krieg gar nicht erst erlitten hätten. Wenn er sie also nur »heilt«, um sie wieder in den Krieg zurückzuschicken, wie hoch kann dann die Wahrscheinlichkeit sein, dass diese halben Kinder, denen man ständig eingetrichtert hat, dass erst der Kampf echte Männer aus ihnen machen wird, gesund bleiben?

»Rivers dachte, wie falsch doch die Behauptung war, diese jungen Männer seien durch den Krieg ›reifer‹ geworden.« Das gilt nicht für seine Patienten, in denen »ein frühzeitig gealterter Mann und ein verknöcherter Pennäler Seite an Seite zu existieren schienen.« Ein Phänomen, das ihnen »etwas merkwürdig Altersloses [gab], aber ›Reife‹ war kaum die richtige Bezeichnung dafür.«

Die meisten Rezensionen von *Niemandsland* betrachten die Beziehung zwischen Rivers und Siegfried Sassoon als zentral für die narrative Entwicklung des Romans, trotzdem hatte ich nie den Eindruck, dies sei tatsächlich die entschiedene Absicht der Autorin gewesen. Die Gespräche in *Niemandsland* zwischen Rivers und dem bekannten Dichter sind von überragender intellektueller Tiefe, aber die wahre Kraft des Buches liegt in der Beziehung zwischen Rivers und Billy Prior und der Darstellung von Prior.

Alle Patienten von Craiglockhart sind Offiziere und gehören der gebildeten Mittel- oder Oberschicht an. Unter ihnen ist Billy, ein gerissener Offizier aus der Arbeiterklasse, eine Ausnahme. Er ist intelligent genug, um in jeder Lage seine eigenen Gewinnchancen einzuschätzen, gewieft, sinnlich und wenn nötig auch kriminell. Er ist sexuell hemmungslos, von Hass auf den Klassenfeind geleitet und darauf bedacht zu überleben, koste es, was es wolle. Trotzdem hat der Krieg einen Grad an Entfremdung in ihm ausgelöst, den er sich niemals hätte träumen lassen. Billy, der in den urbanen Elendsvierteln des Nordens aufgewachsen ist, hält Englands engstirniges Klassensystem für den wahren Feind des Lebens. Doch jetzt, nach Frankreich und den Schützengräben, ist für ihn die gesamte Menschheit zu einer existenziellen Bedrohung geworden. Wie und ob Billy – mit seinem überwältigenden Menschenhass – einen Weg zurück in die Gemeinschaft der Lebenden finden wird, ist die zentrale Frage des Buches. Zwei Momente mit Sarah, Arbeiterin in einer Munitionsfabrik, die er in einem Café in Edinburgh aufgabelt, zeigen die Tragweite des Problems, dem er sich gegenübersieht.

Beim ersten Treffen machen sie einen Spaziergang am Seeufer. Sarah, eine wunderbar lebensfrohe junge Frau, reagiert sofort auf die Feiertagsstimmung. »Sie war Teil der vergnügungssüchtigen Menge. Er beneidete und verachtete sie zugleich und war fest entschlossen, sie herumzukriegen. Sie alle schuldeten ihm etwas, und sie sollte bezahlen.« Etwas später im Roman, als er sich in sie verliebt und sie die einzige Quelle des Trosts geworden ist, denkt Billy darüber nach, ob er Sarah erzählen soll, wie es wirklich in den Schützengräben war, überlegt es sich dann aber anders: »Wenn sie das Schlimmste wüßte, konnte sie kein Zufluchtsort mehr für ihn sein ... Er brauchte ihre Ungewissheit, um sich darin zu verstecken. Doch gleichzeitig wollte er, daß sie möglichst viel voneinander wußten. Und diese beiden Wünsche waren unvereinbar.«

Die entscheidende Beziehung ist natürlich die zu Rivers. Während ihrer Analyse-Sitzungen werden dem Leser die unaussprechlichen Kosten des Krieges – der Preis für den menschlichen Traum von Ganzheit – vor Augen geführt. Hier kommen nicht nur Billys sämtliche emotionalen Widersprüche ins Spiel, sondern die Sitzungen selbst zeigen auf brillante Weise, warum die einfachste Analyse scheitert, wenn es um Integrität geht.

Billy ist ein Analysand aus der Hölle, der schlaue Patient, der den Arzt in die Tasche steckt, als spielten sie ein Spiel um Sieg oder Niederlage. Natürlich ist Billy darauf aus, zu »gewinnen«. Seine größte Freude besteht darin, scheinbar über Rivers zu triumphieren, den er mit der Zeit lieben gelernt hat, aber trotzdem als Vertreter des Establishment verachten muss, weil er sich wie alle anderen auch etwas vormacht.

Wie viele der Männer in Craiglockhart wird Billy (nachdem er die Sprache wiedergefunden hat) von einem furchtbaren Stottern gepeinigt. Als er entdeckt, dass auch Rivers stottert, frohlockt er. Verständlicherweise behauptet Rivers, sein Stottern unterscheide sich von dem seiner Patienten. Woraufhin Billy bemerkt: »Das wäre ja toll, nicht? Ich meine, für Sie. Wenn Sie nämlich aus dem gleichen Grund stottern wie die anderen – dann müssten Sie sich hinsetzen und überlegen, was Sie seit fünfzig Jahren nicht sagen wollen.«

Als Psychoanalytiker weiß Rivers, dass er Billy dazu bringen muss, sich den Angriff, bei dem er die Sprache verlor, in Erinnerung zu rufen und die Situation erneut zu durchleben, doch nach unzähligen Sitzungen wie der oben geschilderten ist er erschöpft und oft auch entmutigt. Ständig erklärt Billy ihm, dass er sich nicht erinnern könne. Doch dann scheint er eines Tages nachzugeben. »Ja«, sagte er. »Es war wie bei jedem Angriff auch ... Man wartet, man versucht, jeden zu beruhigen, der in die Hose scheißt oder im Begriff ist, sich zu übergeben. Man hofft, daß es einem selbst erspart bleibt.« Während er spricht, wirkt Rivers zunächst misstrauisch. Plötzlich begreift er, dass Billy ihm einen Knochen zuwirft. Als Billy sieht, wie die Augen des Arztes aufleuchten, lacht er spöttisch, und Rivers spürt die tödliche Wahrheit des Augenblicks. »Er [Billy] schien zu sagen: ›Gut. Sie können mich dazu bringen, die Schrecken wieder heraufzuholen, mich an das Sterben zu erinnern, aber Sie werden es nicht schaffen, daß ich irgendwelche Gefühle empfinde.‹«

Es fällt mir schwer zu schildern, wie tief Billy Prior mich berührt hat. Er warf mich zurück auf ein Gefühl der Solidarität mit der Arbeiterklasse, wie ich es seit fünfzig Jahren nicht mehr empfunden hatte. Es war so herrlich asozial, dass ich für einen Augenblick erschrak, aber nur für einen Augenblick. Die Freude, die ich früher aus der kämpferischen Gewissheit gezogen hatte, die der Klassenkampf in mir weckte – wir sind im Besitz der Wahrheit, wir kennen den Feind, wir wissen um die gerechte Sache –, überschwemmte mich nun, in Billys Gegenwart, mit einer Nostalgie, die ich noch nie erlebt hatte. Und dann fiel mir zum ersten Mal seit Jahrzehnten ein, wie ich *Gypsy* gesehen hatte.

Antiromantische Musicals haben Tradition in der amerikanischen Theatergeschichte. Sie haben eine böse kleine Aussage zu machen, die sie nie aus dem Auge verlieren, darin liegt ihre Stärke. *Gypsy* – die Geschichte einer gefeierten

Burlesque-Tänzerin und Stripperin und ihrer Mutter – ist ein Musterbeispiel dieses Genres. Ich weiß das, weil *Gypsys* böse kleine Aussage mich direkt ansprach.

Als ich das Musical zum ersten Mal sah, war ich Mitte zwanzig, und Ethel Merman spielte die Rolle der berüchtigtsten Bühnenmutter aller Zeiten, Rose. Merman hatte eine aufregende Stimme und war obendrein eine umwerfende Schauspielerin. In ihrem Spiel gab es kein Abwägen, keine Nuancierung, kein Nachdenken. Auf der Bühne war sie eine Naturgewalt – ungeschliffen und überwältigend, hemmungslos, ungehobelt, mörderisch. Sie wollte ihren Willen haben und nichts, nichts, nichts auf der Welt konnte sie davon abbringen. Ich liebte das. Diese Liebe war stark, drängend, sie erschreckte und beflügelte mich zugleich. Und da war ich, eine Studentin, gerade erst dem Einwanderer-Ghetto entkommen, mit dem Gefühl, dass die Welt allen anderen gehört, bloß nicht mir, doch in einem Augenblick der Sozialgeschichte, in dem ich und all die anderen, die so waren wie ich, den Verdacht hatten, dass wir nicht so werden *müssten* wie unsere Eltern: Wir mussten nur kämpfen, um unseren Anteil zu bekommen. Und da stand Rose da oben auf der Bühne und tat es für mich. Die Energie, die diese Szene in mir weckte, kam so tief aus dem Inneren, dass es den Anschein hatte, sie könne ihre eigenen Gesetze erlassen. Als »Rose's Turn« bis zu meinem Balkon aufstieg, platzte mir fast der Kopf vor Glück, und nichts konnte es mindern oder jemals ungerechtfertigt erscheinen lassen. Rose war ein Monster? Und wenn schon! Sie war *mein* Monster.

Als ich Jahre später in einem Saal saß, wo das Publikum vor Freude aufschrie, weil irgendein Monster da oben auf der Leinwand an seiner Stelle wütete, war das

Theater ein Kinosaal und um mich herum waren lauter junge schwarze Männer und Frauen, die »Bring ihn um! Bring ihn um!« schrien und lachten, »Er hat es verdient!« Ganz kurz schreckte ich zusammen, doch der Augenblick verflog schnell. Ich drehte mich auf meinen Sitz um und sah in allen Gesichtern dieselbe schlichte uneingeschränkte Klarheit, die ich selbst einmal gefühlt hatte. Sie hatten die Wahrheit, sie kannten den Feind, sie waren von ihrer gerechten Sache überzeugt: kein Abwägen, keine Nuancierung, kein Nachdenken. Ich verstand. Und ich verstand während einer bemerkenswert langen Zeit.

Im zweiten Band von Barkers Trilogie, *Das Auge in der Tür* (der meiner Ansicht nach auch noch in *Niemandsland* hineingepasst hätte), läuft der geile Billy eines Nachts durch die Straßen der Stadt. »Er brauchte Sex, und er brauchte ihn dringend.« Verzweifelt sucht er danach. Als er keine Frau finden kann, lässt er sich im Park von einem Mann anmachen, einem Offizier aus der Oberschicht, um genau zu sein. Als ich weiter las und allmählich verstand, was da vor sich ging, bekam ich eine Gänsehaut vor Schreck: Das war eine Wendung der Ereignisse, die man nicht erwartet hätte. Doch bald war ich ganz bei ihnen. Und was geschieht? Als sie in die Wohnung des Offiziers kommen, fickt er [Billy] den Offizier in den Arsch. (»Wahrscheinlich hatte er nie einen stärkeren Schub von Klassenfeindschaft gespürt als in diesem Augenblick.«) Später fragt sich der Offizier, ob er sich revanchieren soll und fragt: »Oder machst du so was nicht?« Billy lächelt und antwortet: »Ich mache alles.« Ich dachte bei mir: Ja! Ja! Ja!
Und im nächsten Moment: Bist du verrückt geworden?

Billy Prior war der Grund, warum ich zu *Ein Monat auf dem Land* zurückkehrte, um mich noch einmal mit Tom Birkin zu befassen, den ich beim ersten Treffen nicht ganz verstanden hatte.

Als ich Carrs Roman erneut las, fragte ich mich, wie es dazu hatte kommen können, dass ich alles im Buch ignoriert hatte, was Tom mit etwas verbindet, das nicht so glamourös ist wie existenzieller Determinismus, sondern schlicht und einfach mit Krieg; dem Krieg an sich, dem Krieg, der alle Gedanken beherrscht, jede Szene, jede Begegnung in dem Roman und schließlich zu einem Porträt menschlicher Zerrüttung führt, die so eindringlich ist, dass sich *Ein Monat auf dem Land* von allen anderen Prosawerken seines Genres unterscheidet. Wie kann das sein?, dachte ich.

Ich erinnerte mich, dass Tom stotterte und an Zuckungen litt, aber nicht daran, wie anschaulich er das schildert: »Mein Gesicht, die linke Hälfte ... neigte zu krampfartigen Zuckungen. Menschen wie Reverend Keach riefen es geradezu hervor. Es begann bei meiner linken Augenbraue und setzte sich bis zum Mund fort. Ich hatte es mir in Passchendaele eingehandelt ... Die Ärzte meinten, es würde sich mit der Zeit wieder legen.«

Ich erinnerte mich, wie er sich fast jeden Morgen einen Becher Tee mit Moon teilte, aber nicht, dass Moon »... mich hin und wieder durch den Pfeifenqualm hindurch nachdenklich ansah. Wer bist du? Wen hast du zu Hause zurückgelassen? Was ist dir dort draußen Schreckliches widerfahren, dass dich dieses gotterbärmliche Zucken befallen hat? Bist du hier, um wieder in die Haut zurückzukriechen, die deine war, bevor sie dich durch den Fleischwolf gedreht haben?«

Ich erinnerte mich, wie sich Tom an einem sehr heißen Tag auf einer warmen Steinplatte »auf den Rücken zurücksinken« und sich »vom Sommer durchströmen« ließ. Ich erinnerte mich nicht, dass er »die Augen mit einem ... alten Khakitaschentuch bedeckte« und »in tiefen Schlaf« fiel.

Dann hatte ich vollkommen vergessen, dass, als Alice Keach ihm beim ersten Treffen von einem verrückten Albtraum erzählt, Tom antwortet, »... ja, ja, sagte ich, ich wisse genau, was sie meine, denn genau so fühle es sich an, wenn eine große Granate explodiere. Die Luft im Bunker werde herausgesaugt und drücke dann wieder hinein, ein so verblüffendes wie lähmendes Gefühl.«

Und als sie ihn später fragt, ob er an die Hölle glaube, schießt ihm ein Bild aus Passchendaele durch den Kopf: »Aufgeschlitzte Körper, weggesprengte Köpfe, kriechende Angst, schreiende Angst, unaussprechliche Angst! Die Welt in Schlamm verwandelt!«

Als ich mich an all das »erinnerte«, sah ich, dass die besondere Leistung dieses einzigartigen Buches darin bestand, das unvergessliche Porträt eines Mannes zu zeichnen, der aus einem Krieg, der die Hölle gewesen war, zurückkehrt und seelisch verkümmert ist. Er ist weder verkrüppelt noch psychisch labil oder geistig verwirrt, sondern nur verkümmert. Er kann sehen, hören, riechen und bis zu einem Grad auch begehren, nur empfindet er all das nicht stark genug, um zu handeln. Er wird niemals wieder Gefühle haben können, die stark genug sind, um zu handeln. Seine Seele ist verkümmert.

Und plötzlich war mir klar, dass Billy Prior auch so geendet wäre, wenn er überlebt hätte (was nicht der Fall war), denn wie Tom war er für immer seelisch abgestumpft aus dem Krieg zurückgekehrt. »Sie werden es nicht schaffen, daß ich irgendwelche Gefühle empfinde.« Der Klassenhass, seine *raison d'être*, hätte sich um ein immer kleiner werdendes Innenleben herum stetig verhärtet; aus »Rache« mit Frauen oder Männern aus der Oberschicht zu schlafen, wäre zur Routine geworden, und auch ein Familienleben hätte nichts daran geändert. Auf ein Ich zurückgeworfen, das sich zunehmend in Nichts auflöste, hätte er weiterhin an seiner unveränderlichen Wahrheit festgehalten, er hätte seinen Lieblingsfeind gekannt und nie an der Gerechtigkeit seiner schlichten Sache gezweifelt. Ich wusste es, weil ich Rose in *Gypsy* zugejubelt hatte und innerlich »Ja! Ja! Ja!« gerufen hatte, als Billy den Offizier aus der Oberschicht fickte, und wusste auch, dass ein langes, relativ unversehrtes Leben notwendig ist, um Nuancen zu akzeptieren, die Komplexität des Lebens zu erkennen und Zweifel zuzulassen.

In meinem Kampf für die Arbeiterklasse (oder auch die Frauenrechte) erlebte ich sehr oft jene köstlich bitteren Gefühle, die Billy empfand, wenn er sich gegen Autoritäten auflehnte, und ich *weiß*, dass man sich kühn, unabhängig und *befreit* wähnt, wenn man von ihnen beherrscht wird. Doch undifferenzierte Freiheit ist keine Freiheit. Es sind die Nuancen, die uns zu zivilisierten menschlichen Wesen machen, auch wenn wir uns nicht wie solche fühlen. Wenn man die Nuancen abschafft, bleibt nur das Tier in einem übrig; mit anderen Worten, der Krieg.

Ich war dankbar für ein Leben, das mich von diesem unbeirrbaren Blutrausch zu dem Schmerz und der Verwirrung geführt hatte, die aus der inneren Kluft zwischen Theorie und Praxis erwachsen waren, jener, die mich gezwungen hatte, all die menschlichen Ausnahmen von der ideologischen Regel anzuerkennen. Da begriff ich, dass ich eine regenerative Seele behalten hatte, die zwar oft unterdrückt worden, aber nie gänzlich erstickt war, weil mein Leben ausreichend frei von Katastrophen geblieben war. Bei Billy und Tom jedoch, die vom Krieg zerstört worden waren, war diese Seele in einem bedrohlichen Ausmaß verkümmert. »Es ist der Tod der Seele, den wir fürchten müssen«, schrieb J. L. Carr in einem seiner Romane. Es war ein innerer Zustand, über den er oft geschrieben hat, doch niemals zuvor oder danach mit einer so emotionalen Deutlichkeit wie in *Ein Monat auf dem Land*.

Manchmal überfällt mich ein Schaudern, wenn ich daran denke, wie es gewesen wäre, *Ein Monat auf dem Land* oder *Niemandsland* nicht noch einmal gelesen zu haben, und gleich darauf erschauere ich nochmals, wenn ich an all die guten Bücher denke, die ich bei der ersten Lektüre nicht wirklich verstehen konnte, weil ich nicht in der richtigen Stimmung dazu war, und die ich dann nie wieder in die Hand nahm. Es bekümmert mich nicht, wenn ich ein Buch nur einmal gelesen habe, das mich gelehrt hat, Mittelmäßigkeit zu schätzen – damit kann ich leben –, aber umgekehrt: ein beklemmendes Gefühl.

8

Vor einigen Jahren, nachdem ich Jahrzehnte allein gelebt hatte, sehnte ich mich plötzlich nach etwas Lebendigem im Haushalt und beschloss zu meiner großen Verwunderung, eine Katze zu adoptieren. Die Furcht meiner Mutter vor allem, was sich nicht auf zwei Beinen bewegte, hatte sich schon ziemlich früh auf mich übertragen, und fast mein ganzes Leben lang hatten Tiere auch mir Angst gemacht oder mich abgestoßen – Hunde, Katzen, Schafe, Kühe, Frösche, *Insekten*: Egal was, wenn es mir zu nah kam, lief mir ein Schauer über den Rücken. Jetzt jedoch überwog die Sehnsucht, und ich machte mich auf die Suche nach einem anhänglichen Wesen, das schnurrend auf meinem Schoß liegen, in meinem Bett schlafen und die Wohnung jederzeit mit seiner kuriosen Gegenwart beleben würde.

Es war Spätsommer, und überall in der Stadt gab es Käfige mit geretteten Katzen, um die sich der eine oder andere Tierschützer kümmerte. Bald fielen mir zwei zwölf Wochen alte außergewöhnlich niedliche, getigerte Kätzchen mit jeweils unterschiedlichen schwarz-grauen Streifenmustern auf. Beide hatten faszinierende Tigergesichter und große grüne Augen mit feinen schwarzen Ringen drumherum, und so erklärte ich der Frau, die den Käfig bewachte: »Ich nehme eins.« Nein, sagte sie, es sind zwei Weibchen aus demselben Wurf, man kann sie nicht trennen, entweder beide oder keines. Warum nicht, dachte ich, und sagte, okay, ich nähme beide.

Kaum hatte ich das gesagt, überfiel mich Panik. Plötzlich waren sie da: *in der Wohnung*. Wie Gulliver unter den Liliputanern starrte ich auf die Katzen herab, und sie starrten zurück. Was sollte ich jetzt tun? Ich hatte nicht die leiseste Ahnung. Und *sie*? Auch sie schienen ratlos zu sein. Wenn ich auf eins der Kätzchen zuging, duckten sich beide; kam ich ihnen noch näher, liefen sie hastig davon. Dann verschwand eins drei Tage lang hinter der Couch, während das andere mitleiderregend miaute und die ganze Zeit die Stelle beäugte, wo Nummer 1 verschwunden war. Es gab Tage, an denen sich beide so gut versteckten, dass ich wie eine Verrückte durch die Wohnung lief, Schränke und Schubladen öffnete, Möbel von der Wand rückte und verzweifelt nach ihnen rief. Ich war sicher, dass alle beide ersticken würden und man mich wegen Tierquälerei vor Gericht bringen würde.

Ich versuchte, meinen gewöhnlichen Tagesablauf aufrechtzuerhalten – saß am Schreibtisch, hielt Verabredungen ein, traf mich mit Freunden zum Abendessen –, und eine schwarze Wolke hing über mir. Wenn ich ausging, hatte ich Angst, nach Hause zu kommen. Wenn ich zu Hause blieb, lief ich in der Wohnung herum und kam mir vor wie eine Obdachlose. Was hatte ich mir da bloß angetan? Es war, als hätte ich mich nach einem Baby gesehnt, eins bekommen und dann entdeckt, dass weder das Baby noch ich Talent für eine Beziehung hatten.

Am schlimmsten war das starke Gefühl von Enttäuschung: Es machte mich fertig. Ich lief herum und rang im Geiste die Hände. *Niemals* würden die Katzen mir geben, was ich mir von ihnen erhofft hatte! Sie würden sich nicht an mich schmiegen, in meinem Bett schlafen. *Nie! Niemals!* Und tatsächlich taten sie das jahrelang nicht. Dann – als wäre ich wirklich plötzlich Mutter geworden – fingen wohlmeinende Freunde an, mich mit allerlei Wissenswertem über Katzen zu überschwemmen. Jeden Tag trafen Bücher, Spielzeug und DVDs ein, alle mit guten Ratschlägen, meistens zum Umgang mit den Tieren, die die Absender für lustig hielten. Ehrlich gesagt machte mir diese Entwicklung Angst, ich fand das alles kindisch und ziemlich lästig. Doch zwischen diesem Mist befand sich auch ein Buch mit dem Titel *Doris Lessings Katzenbuch*. Da ich seit dem College Lessing-Fan bin – für meine Generation von angehenden Feministinnen war *Das Goldene Notizbuch* so etwas wie eine Bibel gewesen –, sagte ich mir, dass ich mich vermutlich für alles, was sie geschrieben hatte, interessieren würde. Und so fing ich an, das schmale Bändchen zu lesen, doch es gab mir nicht, was ich brauchte – konkreten Rat! –, und ich war zu nervös, um mich auf irgendetwas anderes zu konzentrieren, deshalb legte ich es bald wieder weg: »Noch eine berühmte Schriftstellerin, die Katzen niedlich fand!« Jahre später erinnerte ich mich nur daran, dass Lessing eine Katze gehabt hatte, die sie »graue Katze« nannte, und eine andere, die sie »schwarze Katze« nannte und dass eine davon in ihrer Kniebeuge schlief und sie die andere in ein warmes Handtuch gewickelt hatte, als sie krank wurde. Kurz und gut: eigentlich nichts. Doch eins war mir im Gedächtnis haften geblieben: der Grundton ihrer Prosa. Lessings außergewöhnliche Stimme – kühl, klar, absolut gelassen, mit dem für sie charakteristischen Mangel an Sentimentalität –, all das hatte sich auch in diesem Katzenbuch niedergeschlagen!

Und wenn wir schon beim Thema Sentimentalität sind, es waren die Katzen, die mir in dieser qualvollen Zeit beibrachten, wie tief mein eigenes Niveau diesbezüglich gesunken war, indem sie mir vor Augen führten, wie radikal mein Unterbewusstsein nach Erleichterung suchte. Als ich einmal durch ein armes Land reiste, in dem es von streunenden Hunden und Katzen nur so wimmelte, sah ich, wie eine Katze mit ihren Jungen unter einer Palme Schutz vor einem nachmittäglichen Wolkenbruch suchte. Während ich entzückt über den Regen dastand, sah mich eins der Kätzchen direkt an, und ich war ganz sicher, in seinen Augen die Bitte zu erkennen: »Nimm mich mit zu dir nach Hause!« Ich weiß noch, wie ich dachte, wenn doch nur eine von meinen Katzen sterben würde oder gar beide – vielleicht taten sie das ja gerade in New York –, dann könnte ich mit der Kleinen vor mir noch einmal ganz von vorn anfangen, und dieses Mal würde ich es besser machen. Doch gleich darauf schoss mir ein weiterer Gedanke durch den Kopf: Aha, du kannst also genauso kaltblütig und berechnend sein, wie du es so oft anderen vorgehalten hast.

Dann war eines Tages plötzlich alles vorbei. Meine eigene Enttäuschung langweilte mich, und ich wurde es leid, darüber nachzudenken, was mir die Katzen nicht hatten geben können. Fortan betrachtete ich sie als eigenständige Geschöpfe. Und dann begannen meine langen, regelmäßigen Beobachtungen, wie sie in meiner Gegenwart zu sich selbst fanden, und zwar nicht durch ihre Beziehung zu mir, sondern durch die zueinander.

Jetzt, nach sieben gemeinsamen Jahren, lecken, beißen und jagen sie sich jeden Tag mit demselben Interesse und derselben Entschlossenheit, als hätten sie sich erst gerade kennengelernt. Ob Verbündete oder Feinde, immer sind sie sich der anderen bewusst. Egal, ob sie wach sind oder schlafen, bei einem ungewöhnlichen Geräusch oder einer Bewegung, die bedrohlich sein könnte, richten sich beide augenblicklich wie durch Magie auf, sitzen dicht nebeneinander und vergewissern sich, dass sie in dieser Krise zumindest eine Freundin haben. Andererseits legen sie sich mit der Präzision eines Uhrwerks einmal pro Tag auf die Lauer und beäugen sich über den Teppich im Wohnzimmer hinweg, als wären sie kleine Tiger und der Teppich der Boden im Dschungel. Dann springen sie in einem geheimnisvoll festgelegten Moment los und stürzen sich aufeinander – fauchend, beißend, mit ausgefahrenen Krallen –, als wollten sie den tödlichen Feind, ihre Schwester, ein für alle Mal vernichten. Nach einigen Sekunden entsetzlichen Gerangels wenden sie sich, offensichtlich gelangweilt, wieder voneinander ab, und jede geht erhobenen Hauptes und mit schwingendem Schwanz in die entgegengesetzte Richtung davon. Gemeinsam oder jede für sich bringen sie mich sechs Mal am Tag zum Lachen.

Ihre unterschiedlichen Charaktere versetzen mich immer wieder ins Staunen. Katze 1 frisst wie ein Schwein und hat schon früh ihre Form verloren: Der schwere Bauch schleift nun fast über den Boden. Sie ist verschlossen, mürrisch und passiv-aggressiv, aber ich muss nur kurz ihren Blick kreuzen und schon dreht sie sich auf den Rücken, zieht die Krallen ein, fixiert mich mit ihren Augen und verlangt, dass ich ihr den Bauch kraule, was ich ihr natürlich nie verweigere. Katze 2 ist nach wie vor geschmeidig und schlank (wählerisch beim Fressen), sehr aktiv und rast regelmäßig durch die ganze Wohnung. Sie ist außergewöhnlich sensibel – wenn sie von mir gestreichelt werden will, streckt sie mir zaghaft die Pfote entgegen und blickt mir beschwörend in die Augen – und auch schrecklich feige: Kaum betritt jemand die Wohnung (vor allem, wenn es sich um einen Mann handelt), verkriecht sie sich unter dem Bett oder klettert auf den allerhöchsten Küchenschrank. Trotzdem gilt ihr meine ganze Zuneigung, denn wenn sie sich vor der Wand oder dem Fenster streckt, bildet ihr Körper einen langen, exquisiten Bogen aus grauschwarzem Samt, und dieser Anblick raubt mir unweigerlich den Atem. Als ich zum ersten Mal sah, wie sie sich so streckte, dachte ich: Jetzt begreife ich die Macht einer schönen Frau. Man verzeiht ihr einfach *alles*!

Obwohl diese Katzen offenbar das lebenslange Bedürfnis haben, mir nicht gefällig zu sein, ertragen sie es auch nicht, wenn ich sie lange ignoriere. Sie sind immer bei mir. Wo ich auch bin, sie sind da. Wenn ich arbeite, plumpst eine von ihnen auf den Tisch zwischen mir und dem Computer. Wenn ich mich zum Lesen hinlege, lümmeln oder wälzen sich beide bald neben mir auf dem Bett. Sogar beim Fernsehen sind sie dabei: Dann rollen sie sich auf dem Sofa zusammen oder breiten sich auf einem Sessel in der Nähe aus. Natürlich bleiben sie nicht die ganze Zeit am selben Ort, wenn wir zusammen sind. Früher oder später läuft die eine oder andere in die Küche, um sich einen kleinen Imbiss zu genehmigen, oder dreht eine Runde durchs Zimmer, als wäre sie auf der Pirsch, oder beschnüffelt inständig den Hintern ihrer Schwester. Diese Aufmerksamkeit wird entweder akzeptiert oder abgelehnt, und je nachdem fallen sie sofort wieder in das alte Muster zurück: Entweder sie lecken sich gegenseitig und schnurren oder sie fauchen und zischen sich an. Ich glaube nicht, dass ich mich je im Leben so sehr über den launischen Charakter von Lebewesen gewundert habe wie bei der Beobachtung meiner

Katzen. Ständig frage ich mich: Warum tun wir das, was wir tun, *wenn* wir es überhaupt tun? Wieso leckt Katze 1 Katze 2 ein paar Sekunden lang inbrünstig das Fell, versenkt dann die Zähne im Nacken ihrer Schwester, hebt überaus verräterisch den Kopf und rauscht ab, als wäre *sie* diejenige, die angegriffen wurde? Ja, warum. Es ist wie beim Sex, dachte ich manchmal. Wie oft hatte ein Mann mich gefragt: »Warum ausgerechnet jetzt, warum nicht vor einer Stunde?« Eine Frage, die ich genauso wenig hätte beantworten können wie die Katzen, falls jemand sie gefragt hätte.

Ich beneide noch immer die Menschen, deren Katzen auf ihrem Schoß schlummern und in ihren Betten schlafen, aber (um die berühmte Straßenkatze Mehitabel zu zitieren) – was soll's.

Vor einigen Monaten nahm ich an einem späten Winternachmittag zum ersten Mal nach Jahren wieder *Doris Lessings Katzenbuch* aus dem Regal und las es in einem Rutsch durch. Ich konnte kaum glauben, dass ich dieses Buch schon einmal in den Händen gehalten hatte und nicht denselben Drang verspürt hatte. Ein weiterer klarer Beleg dafür, dass ich mich erst in den Leser verwandeln musste, für den das Buch geschrieben worden war, und auf den es die ganze Zeit gewartet hatte.

Doris Lessings Katzenbuch hat 143 Seiten und entstand 1967, als Lessing fast fünfzig war. Es beginnt in ihrer Kindheit in den zwanziger Jahren auf einer Farm in Rhodesien (dem heutigen Zimbabwe) und endet etwa dreißig Jahre später, als sie in einem weiträumigen Haus in einem wohlhabenden Viertel von London lebt – immer begleitet von

Katzen: zahmen und wilden, freundlichen und gefährlichen, schönen und hässlichen, schlauen und dummen. Katzen. Zu Anfang, als sie noch auf einer Farm in der rhodesischen Steppe lebt, nimmt die Natur einen Ehrenplatz ein. Noch ehe ein Mensch auftaucht, begegnen wir Vögeln, Schlangen, Insekten, allen möglichen wilden Tieren, von denen jedes auf seine Art ein Problem für die junge Doris und ihre Eltern darstellt. Die hartnäckigsten Sorgen machen ihnen die vielen Katzen, die auf der Farm leben, ständig schwanger werden und einen Wurf nach dem anderen produzieren. Regelmäßig ertränkt Doris' Mutter die Jungen eines neuen Wurfs, um die Katzenpopulation in Grenzen und unter Kontrolle zu halten. Doch als Doris vierzehn ist, erkrankt ihre Mutter an einer Depression und hört auf, die jungen Kätzchen zu töten. Im Nu hat sich die Katzenpopulation auf vierzig erhöht. Jetzt sind alle deprimiert. An einem Wochenende unternimmt die Mutter eine Reise, und man beschließt, dass die Katzen verschwinden müssen: *jetzt auf der Stelle*. Doris und ihr Vater scheuchen alle bis auf die Lieblingskatze in ein leer stehendes Zimmer, und der Vater schießt eine nach der anderen tot.

Beim Lesen fiel mir die Kinnlade herab. Was mich hauptsächlich schockierte, war, dass die erwachsene Lessing diese grauenhafte Geschichte mit größter Gelassenheit erzählt – kein Wimpernzucken, kein Schlucken, keine Andeutung von Schmerz in einem einzigen Satz. Stattdessen haben wir ihren kühlen, klaren, unerbittlichen und ein bisschen auf Grand Guignol geschulten Blick, als handelte es sich um den harmlosesten und zufälligsten Vorfall aller Zeiten, über den man dann mit fast lachhafter Unerschütterlichkeit reflektiert: »Ich war wütend über die

Massenvernichtung der Katzen ... aber ich erinnere mich nicht, traurig gewesen zu sein.«

Fünfundzwanzig Jahre später sind wir in ihrem Londoner Haus und werden der Katze, die sie »graue Katze« nennt, vorgestellt. Sie ist das schönste Kätzchen, das Doris Lessing je gesehen hat: »... [ein] Tigerkätzchen in Grau und Creme. Aber Brust und Bauch waren rauchiggolden, im Ton der Siamesen, mit schwarzen Halbbändern am Hals. Das Gesicht war mit Schwarz gezeichnet – feine dunkle Ringe um die Augen, feine dunkle Streifen auf den Backen ... ein exotisch schönes Tier ... ohne sich im Geringsten vor uns zu fürchten ... strich es in der Wohnung umher, inspizierte jeden Zoll, kletterte auf mein Bett, kroch unter ein Laken und war daheim.« Diese Katze war eine Katze mit einem großen K: »Katze wie eine weiche Eule, Katze mit Pfoten wie Falter, juwelengeschmückte Katze, wunderbare Katze! Katze. Katze. Katze. Katze.« Doch damit niemand auf die Idee kommt, sie sei in dieses Wesen vernarrt, was ganz untypisch für sie wäre, fügt Lessing rasch hinzu: »... aber man kann es nicht leugnen, sie ist ein selbstsüchtiges Biest.«

Dann kommt »schwarze Katze« ins Haus, die, obgleich »graue Katze« den Haushalt beherrscht, angemessen berücksichtigt werden muss. »Graue Katze« (das selbstsüchtige Biest) hatte sich als nicht nur gleichgültige, sondern durchaus rabiate Mutter entpuppt: Sie tötet das Erstgeborene ihres ersten Wurfes und versucht wiederholt, den Rest im Stich zu lassen. »Schwarze Katze« dagegen zeigt, was sie drauf hat. »Wenn sie bei ihren Kätzchen ruht, die eine zierliche jetschwarze Pfote schützend und tyrannisch über sie ausgestreckt, dann ist sie großartig freigiebig – und ganz selbstverständlich selbstsicher.«

Diese Katzen haben keine enge Bindung zueinander, doch wie meine nehmen sie sich im Bewusstsein der jeweils anderen wahr. Anders als bei meinen, die eine Vielfalt an Verhaltensmustern zur Schau stellen, beschränkt sich der Umgang von Lessings Katzen – ein bisschen nach dem Vorbild vieler Ehen, scheint sie anzudeuten – fast ausschließlich darauf, fauchende, kratzbürstige Eifersucht auszulösen. Dieses gleichförmige Verhalten schien mir, je öfter es vorkam, angesichts der bezaubernden Lebhaftigkeit meiner eigenen Katzen irgendwie rätselhaft. Schließlich schreckte ich bei folgendem Absatz hoch. »Derweil sitzt die arme Graue, ihres Geschlechts beraubt, auf der anderen Seite des Zimmers, jetzt ihrerseits neidisch und grollend, und alles an ihr, der Körper, das Gesicht, die zurückgelegten Ohren, sagt: Ich hasse sie, ich hasse sie.« Irgendetwas daran klang nicht authentisch.

Plötzlich misstraute ich Lessings Schilderung über die Beziehung ihrer Katzen. Sie schien ausschließlich von negativen Dramen ausgelöste Machtkämpfe zu sehen, nie das Spielerische, Kokette oder eine harmlose Grenzüberschreitung. Trotz der vielen Lessing-Texte, die ich aufgesaugt hatte, war mir vor *Doris Lessings Katzenbuch* nie so deutlich bewusst gewesen, wozu dieses todernste Einfühlungsvermögen dient: Es verschleiert die sture Gewissheit einer Schriftstellerin, die mit Blick auf ihre Enttäuschung über das, was ist, kein Pardon kennt. Hinter dieser Gewissheit liegt der Selbstschutz einer eingefleischten Ideologin. Ich musste an all die unversöhnlichen Männerporträts im *Goldenen Notizbuch* und auch an die unzähligen Kurzgeschichten denken, in denen alle Männer gleichermaßen unzuverlässig sind, und deren Unzuverlässigkeit für die Geschichte, die gerade erzählt wird, von entscheidender

Bedeutung ist. Plötzlich erinnerte ich mich daran, wie vergnügt ich (»Ja, ja, ja!«) geschrien hatte, nachdem ich Lessing als junge Frau gelesen hatte, und wie misstrauisch ich wurde, als ich sie jetzt wieder las (»Sie können doch nicht *alle* so schlecht sein!«). Und dann, »Moment mal, Moment mal ...«

Jetzt hatte ich meinen Fokus auf diesen Selbstschutz gerichtet. Er war die Quelle, aus der Lessing ihre schriftstellerische Kraft schöpfte – und zugleich ihr Handicap. Wäre sie in der Lage gewesen, der Welt ein bisschen Spielraum zu gewähren, dachte ich nun, hätte sie gelegentlich einen Funken komischer Empörung oder warmherziger Verzweiflung zugelassen, hätte sich ihre Sicht auf die animalische Beziehung – zwischen Menschen ebenso wie zwischen Tieren – erweitert und eine gewisse Nuancierung ermöglicht. Mit Sicherheit hätten ihre Sätze mehr Vergnügen bereitet.

9

Ich setzte mich auf den Stuhl, auf dem ich seit Jahren Platz nahm, und sagte mit einer von der Aussicht auf die folgende Offenbarung heiseren Stimme zu der Analytikerin mir gegenüber: »Erst jetzt habe ich zum ersten Mal verstanden, tatsächlich verstanden, wie unaufrichtig ich in meinen Beziehungen mit Männern gewesen bin.«
Die Analytikerin warf mir einen müden Blick zu und erwiderte: »Ist Ihnen klar, wie oft Sie schon gesagt haben: ›Jetzt habe ich zum ersten Mal verstanden‹? Wann wollen sie endlich dementsprechend *handeln*?«
Ich starrte sie an, und sie starrte zurück. Was für ein Schicksal, dachte ich, als New Yorker Analytikerin dazu verurteilt zu sein, jahrelang Patienten wie mir zuzuhören, die allesamt zu der Erkenntnis gelangt waren, etwas zum ersten Mal verstanden zu haben, und dann nicht dementsprechend handeln konnten. In diesem Augenblick explodierte ein Rest infantiler Rebellion in meinem Innern. Scheiß drauf, sagte ich mir, ich will hier weg. Weg von diesem Stuhl, von diesem Zimmer, von diesem Leben. Ich halte das nicht aus, *ich schaffe es einfach nicht.*
Kurz darauf las ich noch einmal Thomas Hardys *Jude Fawley, der Unbekannte*, und als ich auf Sue Brideheads jämmerlich inadequate Erklärung für ihr eigenes gotterbärmliches Verhalten stieß, erinnerte ich mich an die Szene in der Praxis der Analytikerin und dachte: Sie schafft es

auch nicht, sie will auch nur weg. Ich wusste nicht, ob ich die arme Sue bemitleiden oder verachten sollte. Ich weiß es bis heute nicht.

In meinen späten Teenagerjahren und Anfang der Zwanziger fühlte ich sehr stark mit den Charakteren in Thomas Hardys Romanen: Männern und Frauen, die dazu verdammt sind, jahrelang Leid zu ertragen und die schrecklichsten Niederlagen zu erleben, nur weil sie zur falschen Zeit am falschen Ort in die falsche Gesellschaftsschicht hineingeboren wurden. Von all diesen Figuren setzte mir keine so sehr zu wie Sue Bridehead, eine Frau, deren Geschichte in vielen Phasen meiner Entwicklung eine geheimnisvolle Kraft bewahrte. Ich beobachtete, wie sie trotz aller Widrigkeiten des Lebens darum kämpfte (zumindest glaubte ich das), etwas zu erreichen, das einem ganzheitlichen Leben gleich kam, sodass ich mich (lange Zeit!) freudig mit ihr identifizierte. Als ich das Buch vor Kurzem noch einmal las, hatte ich angesichts des ungeheuren Unglücks von Jude und Sue noch immer das Gefühl, dass mir ein schwerer Stein auf der Brust lag, am meisten aber interessierte mich, wie brillant ein großartiger Romancier der viktorianischen Ära das Aufbäumen gegen das Bewusstsein darstellt. Er führt es uns durch die Handlungen einer Protagonistin vor Augen, die so realistisch gezeichnet ist, dass sie fast wie eine Fallstudie wirkt.

Die Handlung des Buches spielt Ende des neunzehnten Jahrhunderts in einer Reihe von Dörfern im ländlichen England und der fiktiven Universitätsstadt von Christminster. Jude Fawley, ein leidenschaftlicher Bücherwurm, der arm und unwissend auf dem Land aufwächst, sehnt sich nach einem gelehrsamen Leben im fernen Christminster. Aus dieser Sehnsucht schöpft er seine Energie, sie beherrscht sein ganzes Denken und Fühlen. Es ist der Traum, auf dem seine Erwartungen an eine verwirklichte Existenz beruhen; allein die Tatsache, dass Jude solche Erwartungen hat, unterscheidet ihn von den Menschen, unter denen er aufwächst.

Nach vielen Missgeschicken – darunter eine gescheiterte, aber nicht aufgelöste Ehe – schafft Jude es doch noch in die Stadt, nur um festzustellen, dass er dort, wo er den Himmel auf Erden erwartet, unerwünscht ist: Er gehört einer Gesellschaftsschicht an, der man den Zugang zur Universität regelmäßig verweigert. Und jetzt macht er eine Erfahrung von existenziellem Ausmaß. Als Junge, der seine Zeit auf dem Land verträumte, hatte Jude oft das Gefühl, verletzt oder missbraucht, nicht jedoch abgelehnt zu werden. Hier in Christminster, wo man ihm den Lebenstraum, der ihn so lange Jahre begleitete, verwehrt, kommt er sich plötzlich vor wie ein Geschöpf, das allein in einem feindseligen Universum lebt: »Da er hier keine Menschenseele kannte, begann Jude sich in seiner Einsamkeit für eine Art Geist zu halten, der umherstreift, ohne sich sichtbar zu machen oder mitteilen zu können.« Es überkommt ihn das Gefühl, dass die Männer und Frauen um ihn herum, die im gleichen Moment wie er durch die Straßen von Christminster gehen und auch genauso aussehen wie er, ebenso entrechtet sind, wie er sich fühlt. In diesem Moment wird Jude zu einem empathischen Menschen. So sehr er von nun an darum kämpft, das, was er erlebt, zu begreifen, wird er sich stets als einer unter vielen fühlen, die wie er aus dem Paradies vertrieben wurden. Dieses Gefühl wird zur Quelle von Judes ausgeprägter Anständigkeit, und diese Anständigkeit wiederum zum Schlüssel der Erkenntnis, die seine zukünftigen Erfahrungen entscheidend beeinflusst.

Dann betritt Sue Bridehead die Bühne, Judes Kusine, eine ungewöhnliche junge Frau und Freidenkerin, die sich schnell mit ihm anfreundet, seine Mentorin wird und ihn von Anfang an davor warnt, Christminster zu idealisieren. »Es ist ein Ort der Unwissenden, abgesehen von den Stadtleuten, Handwerkern, Trunkenbolden und Armen«, erklärt sie. »Die sehen das Leben natürlich, wie es wirklich ist; doch in den Colleges vermögen das nur wenige. Du selbst bist der Beweis. Du bist einer von denen, für die Christminster gedacht war, als man die Colleges gründete; ein Mann mit der Leidenschaft fürs Lernen, aber nicht für Geld oder Freunde. Doch die Söhne der Millionäre haben dich vom Bürgersteig gerempelt.«

Eine melodramatische Entwicklung nach der anderen – jede eine Kombination von außer Kontrolle geratenen Kräften, die mit Jude und Sues eigenen psychologischen Schattenseiten verbunden sind – hindern die beiden daran, eine einfache und echte Beziehung einzugehen. Jude hat sich nie von seiner ersten Frau Arabella getrennt und somit nicht mit ihr abgeschlossen. Sue wiederum begreift die mit einer Ehe einhergehenden Verpflichtungen nicht und heiratet in einem wirren Augenblick der Verzweiflung einen anderen Mann – einen Schulmeister, der doppelt so alt ist wie sie –, nur um von einem körperlichen Ekel überwältigt zu werden, der so stark ist, dass sie ihn, entgegen allen Konventionen der Zeit, wieder verlässt. Jetzt finden Jude und Sue als Ausgestoßene zueinander. Sie wollen nur in Ruhe miteinander leben, wenn auch ohne die Vorteile einer Ehe, werden jedoch von der Gesellschaft geächtet. Arm und krank gehen sie auf tragische Weise unter. Sues emotionale Schwäche wirft sie aus der Bahn, worauf sie sich in den extravagantesten Anfall religiösen Wahns der gesamten englischen Literatur flüchtet. Bald darauf stirbt Jude an Kummer und Erschöpfung.

Licht und Schatten der Beziehung zwischen Sue und Jude – und damit des ganzen Romans – liegen in der beständigen Bedeutung der Seelenverwandtschaft, die Hardy beiden zuschreibt. Es gibt viele Beweise für die Ähnlichkeit ihrer Charaktere, aber eine sprang mir wiederholt ins Auge. Judes frühere Frau Arabella taucht plötzlich wieder auf und verkündet, Jude und sie hätten ein Kind, einen Jungen, den sie jetzt zu ihnen schicken will, damit er bei Jude und Sue aufwächst. Zunächst fühlt Jude sich ausgenützt und weigert sich: Er ist nicht einmal sicher, dass der Junge wirklich von ihm ist. Doch dann beginnt er, sich in die Lage des Kindes zu versetzen, und seine Anständigkeit siegt. »Diese jämmerliche Frage der Elternschaft – was zählt sie schon?«, sagte er zu der Gefährtin seines Herzens. »Wenn man es sich genau überlegt, was macht es für einen Unterschied, ob ein Kind von dir stammt oder nicht? All die Kleinen unserer Zeit sind die Kinder von uns Erwachsenen dieser Zeit und haben das Recht auf unsere uneingeschränkte Fürsorge. Jene übermäßige Rücksicht der Eltern auf ihre eigenen Kinder und ihre Abneigung gegenüber denen anderer Leute ist wie das Klassenbewusstsein, der Patriotismus, die Jeder-für-sich-Haltung, und dergleichen Tugenden sind letztendlich nichts als gemeine Ausgrenzung.« Woraufhin Sue aufspringt und Jude mit leidenschaftlicher Hingabe küsst. »Ja ... genau Liebster! Und wir nehmen ihn bei uns auf.«

Das sind Menschen, die eine Art Verbindung von Geist und Seele erleben, die Jean-Paul Sartre wohl eher als wesentlich denn kontingent bezeichnet hätte. Wie der Autor selbst es so romantisch ausdrückte: »Jenes vollkommene gegenseitige Verstehen, zu dem jeder Blick und jede

Bewegung ebenso beitrug wie Sprache, machte sie fast zu zwei Hälften eines einzigen Wesens.« Doch diese kostbare Gabe des spirituellen Einsseins kann sie nicht gegen jene ungelösten Konflikte stärken, die den Kampf um Selbstbeherrschung fortwährend untergraben. Das schmerzlichste Merkmal dieses Romans ist seine Begrenztheit des gegenseitigen Einfühlungsvermögens, das uns vor dem urzeitlichen Sumpf in uns retten soll, der nur darauf wartet, dass wir ihn wegen unzureichender Selbsterkenntnis nicht mehr durchwaten können. Jude sträubt sich heldenhaft gegen diesen Schlick, während Sue dazu bestimmt ist, in ihm zu versinken. Man sollte meinen, dass ihre intellektuelle Kühnheit ihr eine gewisse Kraft verleihen müsste, um sich dagegen zu wehren, doch letztlich stellt sich heraus, dass ihr Mut einer höherrangigen geistigen Verzagtheit weicht: Es ist die Angst, die sie bezwingt.

Nach eigenem Bekunden ist Sue so etwas wie ein psychologisches Rätsel. »Mein ganzes Leben wurde durch etwas geprägt, was angeblich eine besondere Eigenschaft von mir ist«, erklärt sie Jude. Mit anderen Worten: Sie ist völlig asexuell, eine Frau, die von frühester Kindheit gelernt hat, ihre Libido zu unterdrücken. Wie ein Wildfang, der ein Wildfang bleibt, hatte sie immer ein kameradschaftliches Verhältnis zu Männern, ohne sie jedoch zu begehren. Da sie schon früh die Gefahren erotischer Beziehungen spürte, hat sie sich nie von der Angst befreien können, dass eine solche Beziehung sie versklaven könnte. Allein die Hochzeitszeremonie – mit dem Gebot, dem anderen zu *gehorchen*, ihn zu lieben und zu ehren – löst in ihr Panik aus.

Diese »besondere Eigenschaft« sei, wie Sue selbst gesteht, der Fluch ihrer Existenz. Ihre vermeintlich ätherische Reinheit hatte viele Männer angezogen – alle überzeugt, es handele sich um die Angst einer Jungfrau, die vergehen werde, sobald sie eine intime Beziehung einginge –, die dann auf eine Mauer eisigen Widerstands stießen; dieser Widerstand schwächt sich zwar ab, als ihre Zuneigung für Jude wächst, verschwindet aber nie gänzlich. Ihr ganzes aufgewühltes Leben lang wird Sue von der Angst beherrscht, die die Aussicht auf sexuelle Liebe in ihr auslöst, und sie verletzt alle, die sich auf sie einlassen, während sie selbst – nicht wissend, warum diese Ängste sie nicht verlassen – die Hände ringt, mit den Füßen aufstampft und schreit: »Ich kann nicht! Ich kann nicht!«

Unvergesslich der Augenblick im Roman, als Sue ihrem verwirrten und zutiefst gekränkten Ehemann zu erklären versucht, warum sie nicht mit ihm schlafen kann. Natürlich kann sie es ihm nicht erklären. Was gibt es da zu erklären? Du ekelst mich an? Schließlich schreit sie von Qualen gepeinigt, die sie genauso verwirren wie ihn: »Weswegen sollte ich wegen etwas leiden, das mir angeboren ist, wenn es niemanden sonst verletzt?« Woraufhin er aufschreit: »Das tut es aber, es verletzt mich!« Sie starrt ihn wortlos an. Sie hat tatsächlich keine Ahnung, wovon er spricht.

Nur langsam, über Jahre hinweg, in denen ich den Roman immer wieder las, wurde mir bewusst, dass dieser Mangel an emotionaler Vorstellungskraft im Roman nur Sue betrifft. Weil sie sich nicht so sehen kann wie andere sie sehen, kann sie sich auch nicht vorstellen, welches Leid sie allen antut, die sie lieben. Allmählich erkannte ich, dass sie sich nicht selbst lieben kann, weil sie sich nicht kennt, sich nicht kennen *will*. Sie kann mit sich selbst nicht leben; sie flüchtet ständig vor sich selbst.

Während ich meine Erinnerungen zurückverfolgte, dachte ich: Was für einen langen Weg haben der Roman und ich zusammen zurückgelegt – mit wie vielen Zwischenstopps unterwegs.

Als ich Sues leidenschaftlicher Enthaltsamkeit zum ersten Mal begegnete, fand ich sie aufregend. Der sexuellen Liebe zu entsagen – denn immerhin scheint die Integrität ihres Daseins davon abzuhängen –, brachte eine Saite in mir zum Schwingen, die sich mit Mitte zwanzig wie eine Vorahnung anfühlte, als sei etwas Elementares ins Blickfeld gerückt. Es war die doppelte Fessel sexueller Liebe: ihre Anziehung und ihre Abstoßung. Nur selten war dies in den Romanen behandelt worden, die ich gelesen hatte, geschweige denn das zentrale Thema einer weiblichen Hauptfigur gewesen. Ich empfand große Sympathie für Sues Misere. Im Zentrum ihres eigentümlichen Verhaltens lag etwas Außergewöhnliches: die geheimnisvolle und aufregende Möglichkeit einer allumfassenden Ganzheit, die man durch *sich allein* erlangen konnte.

Zehn Jahre später hatte die mutige Abstinenz ihren Glanz verloren, und Sue ging mir auf den Geist. Ich hielt sie jetzt nur für frigide und fand ihren grotesken Rückzug in die Religiosität entsetzlich. Damals behandelte ich den Roman in einem Kurs für Erwachsenenbildung, und als ein neunmalkluger Teilnehmer aufschrie: »Himmelherrgott noch mal! Muss sie denn unbedingt wahnsinnig werden? Kann sie sich nicht einfach einen Job suchen?«, empfand ich Sympathie für seine spießige Empörung. Wieso zog Hardy sie nicht zur Verantwortung für dieses verrückte Verhalten, das mich jetzt abstieß?

Zehn Jahre später, als ich mich erneut mit Sue beschäftigte, hatten meine Gefühle eine grundlegende Wandlung durchgemacht. Ich hatte gerade eine illegale Abtreibung hinter mir und war zu meinem Entsetzen von einer unguten

Vorahnung erfüllt, die ich schockierend fand. Irgendwo tief im Innern, an einem Ort, den ich nicht benennen konnte, spürte ich, die ich säkular bis auf die Knochen bin, Angst vor Vergeltung. Eines Tages schoss mir auf einem Spaziergang ein Satz durch den Kopf »Dafür wirst du bestraft werden.« Ich ging nach Hause, nahm wie eine Schlafwandlerin *Jude Fawley* aus dem Regal und suchte die Stelle, in der Sue dem religiösen Wahn verfällt. Ich las sie staunend und erschauderte, als ich an die Macht des abergläubischen Schreckens dachte, der unter der Vernunft lauert, sogar bei Menschen, von denen man das nie gedacht hätte. Und zum ersten Mal hatte ich das Gefühl zu verstehen ...

Aber was war es, was ich – einmal mehr – zum ersten Mal verstanden hatte? Es war die Dunkelheit im Herzen von Sues Passivität, die gewollte Blindheit in ihr, die ich so gut kannte. O ja, man wurde am falschen Ort zur falschen Zeit in die falsche Gesellschaftsschicht geboren, doch was Hardy in Sue zum Strahlen gebracht hatte, war die Urangst davor, die eigene Erfahrung zu begreifen. Was ich jetzt »zum ersten Mal verstanden hatte« war, wie sehr diese Angst in ihrer eigenen Unwissenheit schwelgt, wie heimtückisch ihr Widerstand ist.

Als ich den Roman noch einmal las, das war erst neulich, fragte ich mich beim Umblättern der letzten Seite, ob mir das Buch jetzt endlich alles gesagt hatte, was es mir zu sagen hatte.

10

Vor Kurzem stellte mir jemand eine fachliche Frage zu einem Buch, das ich einmal sehr gut gekannt, aber seit Jahren nicht mehr aufgeschlagen hatte, und ich konnte sie nicht beantworten. Natürlich glaubte ich, nur kurz darin blättern zu müssen, um die mir entfallene Information wiederzufinden. Wie sich herausstellte, stand das Buch seit Jahrzehnten unberührt in meinem Regal, es war eine Taschenbuchausgabe aus den siebziger Jahren, und kaum nahm ich sie in die Hand, fiel sie auseinander. Als ich den Einband aufschlug, löste sich das erste Blatt von dem bröckligen Buchrücken; dann folgte eine Seite nach der anderen. Wenig später lagen mehr als vierhundert Seiten auf meinen Schoß, dem Schreibtisch und dem Boden ringsum.

Irgendwie traf mich diese Verwüstung wie ein Stromschlag. Es war, als wäre das psychische Buch ein lebendiges Wesen gewesen, und ich konnte nicht ertragen, die geschundenen Überbleibsel in den Papierkorb zu werfen. Ich fing an, einzelne Blätter aufzuheben, hielt mir eine Seite nach der anderen vor die Augen, als müsste ich mir den verblichenen Druck erneut ins Gedächtnis rufen, und dann unter die Nase, als wollte ich die Essenz des Buches einatmen. Anschließend konzentrierte ich mich auf bestimmte Seiten und untersuchte den ausgetrockneten Leim an den Rändern des Buchrückens, als enthielte er irgendein wissenschaftliches Geheimnis, das erklären könnte, was passiert war.

Plötzlich fiel mir ein Satz auf, den ich vor vierzig Jahren unterstrichen haben musste, und danach ein Absatz, den ich eingekreist hatte, und zwei Ausrufezeichen nebeneinander, am Rand. Zuerst sah ich mir den unterstrichenen Satz an: Er verwirrte mich. Wieso hast du das unterstrichen, fragte ich mich, was ist daran so interessant? Und sieh dir den hier an, den hast du auch unterstrichen – ist doch völlig klar! – was hast du dir bloß dabei gedacht? Schließlich wanderte mein Blick zu einem Satz auf der gegenüberliegenden Seite, wo nichts unterstrichen war, und ich dachte: Hier steht etwas *wirklich* Interessantes, wie kommt es, dass das in all den Jahren deiner Aufmerksamkeit entgangen ist?

Ja, genau, wie kam das?

Ich begann, die verschiedenen Seiten zu lesen, auf denen ich mir Notizen gemacht hatte, und sie dann zusammenzufügen, wie ein Archäologe, der sich über alte Fragmente beugt, um zu sehen, welche Reihenfolge einen Ansatz zutage fördert, der eine Ausgrabung lohnte; schließlich erkannte ich mich ganz deutlich als junge Leserin wieder, wie ich über die grundlegendsten Erkenntnisse nachdachte, die mir dieses wundervolle Buch vermittelt hatte. Es war so, als hätte ich überall an den Rand geschrieben: »Wie wahr!«

Ich fügte die Seiten in der richtigen Reihenfolge zusammen und setzte mich hin, um das Buch erneut zu lesen, und dieses Mal unterstrich ich die Sätze und Absätze, die mir wichtig erschienen, mit einem andersfarbigen Stift. Anschließend band ich alles mit einem dicken Gummi zusammen und stellte es wieder in das Regal, wo es die ganze Zeit ausgeharrt hatte. Ich hoffe, dass ich lange genug lebe, um es noch ein drittes Mal zu lesen, mit einem andersfarbigen Stift in der Hand.

Quellen und Bibliografie

D. H. Lawrence, *Sons and Lovers*, London 1913.*
D. H. Lawrence, *Söhne und Liebhaber*, Aus dem Englischen von Hans-Christian Oeser, Ditzingen 2022.
Colette, *La Vagabonde*, Paris 1910.*
Colette, *La Vagabonde,* Aus dem Französischen von Grit Zoller, neu bearbeitet von Judith Petrus, Berlin 2021.
Marguerite Duras, *Der Liebhaber.* Aus dem Französischen von Ilma Rakusa, Frankfurt/Main 1985.
Elisabeth Bowen, *Der letzte September.* Aus dem Englischen von Sigrid Ruschmeier, Frankfurt/Main 2001.
Elisabeth Bowen, *Die Fahrt in den Norden.* Aus dem Englischen von Sigrid Ruschmeier, Frankfurt/Main 2003.
Elisabeth Bowen, *In der Hitze des Tages.* Aus dem Englischen von Sigrid Ruschmeier, Frankfurt/Main 2006.
Elisabeth Bowen, *Kalte Herzen.* Aus dem Englischen von Sigrid Ruschmeier, Frankfurt/Main 2004.
Victoria Glendinning, *Love's Civil War*, Toronto 2008.*
Saul Bellow, *Humboldts Vermächtnis.* Aus dem Amerikanischen von Eike Schönfeld, Köln 2009.
Delmore Schwartz, *The World is a Wedding*, New York City 1948.*
Abraham B. Jehoshua, *Three Days and a Child*, New York City 1970.*
Elizabeth Stanton, *Solitude of* Self. Reprint Edition, Paris Press 2000.*
Natalia Ginzburg, *Die Stimmen des Abends.* Aus dem Italienischen von Alessandra Tornimparte, Berlin 1996.
Natalia Ginzburg, *Die kleinen Tugenden.* Aus dem Italienischen von Maja Pflug, Berlin 2020.
Natalia Ginzburg, *Familienlexikon.* Aus dem Italienischen von Alessandra Tornimparte, Berlin 1993
J. L. Carr, *Ein Monat auf dem Land.* Aus dem Englischen von Monika Köpfer, Köln 2017.

Pat Barker, *Niemandsland*. Aus dem Englischen von Matthias Fienbork, München 1997.
Pat Barker, *Das Auge in der Tür*. Aus dem Englischen von Mattias Fienbork, München 1998.
Doris Lessings Katzenbuch. Aus dem Englischen von Ursula von Wiese, Stuttgart 1981.
Thomas Hardy, *Jude Fawley, der Unbekannte*. Aus dem Englischen von Alexander Pechmann, München 2018.

Die Werke sind in der Reihenfolge aufgelistet, wie sie im Buch vorkommen.

* Zitate aus diesen Werken wurden von pociao ins Deutsche übertragen.

Register

»A Long Hot Day, His Despair, His Wife and His Daughter« 97, 99–101
Abstumpfung, seelische 53, 69, 139
Abtreibung 103, 162
achtziger Jahre des 20. Jh.s 124
Altern, alt werden 47, 50, 52, 54, 57
Angst, Ängste 18, 20, 23, 32, 40, 47, 50, 66, 68, 82, 85 f., 91, 102 f., 106, 110, 118, 120, 139, 160 f., 163; s. a. Furcht
Anna Karenina 28
Anomie 54
Anthony, Susan B. 104
Anziehung(skraft) 72, 79
Anziehung, sexuelle 31, 49, 52, 162
Arbeiterklasse, -schicht 11, 24, 32, 37, 102, 133, 135, 140
Atkinson, Ti-Grace 16
Auf der Suche nach Gott 44
Ausgrenzung 85, 159
Außenseiter 81, 92, 102

Baraka, Amiri s. Jones, LeRoi
Barker, Pat 124, 137
Befreiungsbewegung der siebziger Jahre 16
Begehren 24, 55, 60 f., 64, 67, 139, 160

Bellow, Saul 86 f., 93
Beziehungen, menschliche 61, 104 f., 117, 119
Bleecker Street (New York) 16
Bowen, Elizabeth 65–67, 69 f., 72, 74–77, 80–82, 85
Bronx (New York) 10
Brooklyn (New York) 87
Brownmiller, Susan 16
Bürgerrechtsbewegung 12

Cameron, Alan 74
Camus, Albert 54, 101
Chéri 44, 52–54
Chéris Ende 44, 52–54
Coetzee, J. M. 101
Colette 43 f., 46–48, 50–54, 57, 61
conditio humana 44
Craiglockhart War Hospital (Edinburgh) 130–132, 134

Daniel (erster Mann von V. G.) 72–74, 77–80, 83
Das Auge in der Tür 137
Das Goldene Notizbuch 145, 152
Das Haus in Paris 65, 72, 80–82
Der Fremde 54
Der letzte September 69, 72
Der Liebhaber 57, 59–64
Der Regenbogen 41
Determinismus, existenzieller 138

Dickens, Charles 11
Dickinson, Emily 66
Die Enterbten 72
Die Fessel 43, 45, 47, 49 f.
Die Stimmen des Abends 113 f.
Distanz(iertheit), emotionale 53, 60 f., 71, 118
Doris Lessings Katzenbuch 145, 149–152
Dos Passos, John 12
Dreiser, Theodore 11
dreißiger Jahre des 20. Jh.s 59, 88
Dritte Flandernschlacht 126; s. a. Erster Weltkrieg
Dünkirchen 67
Duras, Marguerite 55, 57, 59, 61, 64, 65

Eastman, Max 12
Edinburgh 130, 133
Ehe 31 f., 40, 44, 52, 66, 96, 100, 115, 128, 158
Ein Monat auf dem Land 124–129, 138 f., 141
Einfühlungsvermögen 86, 152, 160
Einsamkeit 44 f., 62, 71, 76, 98, 100, 104 f., 157
– absolute E. 106 f.
– existenzielle E. 96
– Furcht vor E. 103
Emanzipation s. Frauenemanzipation
Emotionslosigkeit 48, 52, 62, 78 f., 122; s. a. Distanz; Gefühllosigkeit
Empfänglichkeit des Lesers/der Leserin 123
England 24, 133, 156
Entfremdung 28, 39, 133; s. a. Selbstentfremdung

– kulturelle E. 85
Enthaltsamkeit, sexuelle 162
Entwicklung
– persönliche E. 17, 65, 115 f., 122, 156
– von lit. Charakteren 17, 115
Entwicklungsroman 23
»Er und ich« 114–116
Erotik, erotische Liebe 24, 26 f., 30, 41, 43, 47, 51, 54, 61 f., 64, 97, 160
Erschöpfung 101
Erster Weltkrieg 53 f., 124–126, 130–134, 139, 141
Euston Station (London) 66
Existenz, menschliche 20, 28, 96

Familie 41, 55
– bei Marguerite Duras 59, 61
– bei Natalia Ginzburg 112, 117 f.
Familienlexikon 119–122
Feminismus, Feministinnen 18 f., 37, 103 f., 145; s. a. Frauen…
Firestone, Shulamith 16
Frankreich 57, 60, 130, 133
französische Literatur 54 f.
Frau in Weiß 9 f.
Frauenbewegung 18, 103
Frauenemanzipation 16; s. a. Feminismus
Frauenrechte 17, 102–107, 140
Frauenwahlrecht 104
Freiheit 46, 100, 140
– erotische/sexuelle 41 f.
Freud, Sigmund 29, 41
fünfziger Jahre des 20. Jh.s 27, 44, 85
Furcht 85, 101; s. a. Angst
– vor Einsamkeit 103

Ganzheit des Seins 21, 134, 162
Gefährliche Liebschaften 54
Gefühllosigkeit 61; s. a. Emotionslosigkeit
Gerechtigkeit 127, 135, 137, 140
Gewalt, emotionale 117
Gide, André 12, 54
Ginzburg, Natalia (geb. Levi) 109, 111–119, 122
Ginzburg, Leone 112 f.
Gleichberechtigung, politische 17; s. a. Frauen...
Gleichstellung der Frau 106; s. a. Frauen...
Glendinning, Victoria 70, 75
Gold, Mike 12
Goodman, Paul 89
Greenwich Village (New York City) 12
Grimms Märchen 11
Große Depression 89 f.
Großer Krieg s. Erster Weltkrieg
Gypsy 135 f., 140

Haifa 94
Hardy, Thomas 11, 39, 155 f., 159, 162 f.
Hitze 97, 100 f.
Humboldts Vermächtnis 87 f.

Ich, das 19 f., 42, 45, 47, 110, 116, 140
– Konstruktion des Ich 33, 42
Identität 45
– jüdische I. 94, 102 f.
In der Hitze des Tages 65, 67–69
Indochina 59
Irland 69
Irrealität, emotionale 101, 118
Isolation 92, 104

Israel 94 f., 97, 99–101
Italien 112

Jehoshua, Abraham B. 94–97, 99, 101 f.
Jiddisch 87, 94
Johnson, Diane 10
Jones, LeRoi 12–14
Jude Fawley, der Unbekannte 155–163
Juden in USA 85–88, 90, 93 f., 102 f., 136
Judentum 81, 86, 95, 102
jüdisch-amerikanische Literatur 86, 89, 101 f., 107

Kalte Herzen 65, 70–72
Kalter Krieg 15
Kansas City 73
Katzen 143–152
Klassenbewusstsein, -hass, -kampf 75, 133, 135, 137, 140, 159; s. a. Arbeiterklasse
Kriegsneurosen 124, 130
Krieg allg. 138, 140
Krieg und Frieden 44
Kriegsheimkehrer, -veteran 124–126
Kunst und Politik 12, 14
Kurtisanen 44, 52

La Vagabonde 44–51, 54
Lawrence, D. H. 23, 26, 28, 30, 32–36, 39, 41–43
Leere, emotionale/innere (auch S. 82 letzte Zeile) 48, 53 f., 71 f., 75 f., 80, 82, 118, 129
Leidenschaft, sexuelle 24, 26, 28, 32, 38 f., 42, 46, 51, 60
Lesser Lives 10

171

Lessing, Doris 145, 149–153
Levi-Familie 112, 117, 121; s.a.
Familienlexikon; Ginzburg,
Natalia
– Alberto (Bruder) 122
– Gino (Bruder) 120f.
– Mutter 112, 117, 120f., 122
– Paola (Schwester) 120
– Vater 112, 117f., 120, 122
Lewis, C. S. 44
Liebe 27f., 30, 37, 39, 43f., 46f.,
49, 54, 76f., 99, 110
– erotische/sexuelle L. 26f., 51,
61, 161f.; s.a. Leidenschaft
Liebende Frauen 41, 43
Linksliberalismus 15
Literatur 20f., 28, 40, 86, 89,
116,; s.a. französische L.;
jüdisch-amerikanische L.
Little Women 11
London 31, 67–70, 81, 149
– Luftangriffe auf L. 66–69, 74;
s.a. Zweiter Weltkrieg
Love's Civil War 75
Lust, sexuelle 24, 52, 61

Madame Bovary 28
Marx, Karl 11
»Mein Beruf« 111
Mekong-Fluss 59
Menschheit 38, 54, 96, 130f., 133
»Menschliche Beziehungen«
117–119
Meredith, George 10, 39
Merman, Ethel 136
Midlands (England) 24
Millett, Kate 16
minimalistischer Stil 112
Moderne, Modernismus 39, 41,
44, 85, 88, 114, 122

Montaigne, Michel de 116
Mussolini, Benito 112
Mutter von Vivian Gornick
10f., 27, 57f., 64, 143

National American Woman
Suffrage Association 104;
s.a. Stanton, Elizabeth
Nenn es Schlaf 85
New York 9, 12, 15, 87, 146; s.a.
Bronx; Brooklyn; Greenwich
Village
Niederlage (menschliche) 96, 134,
156
Niemandsland 19, 124, 130–135,
137f., 140f.

Orgasmus 54, 79
Owen, Wilfred 130

Palermo 112
Parker, Dorothy 12
Passchendaele (Westflandern/
Belgien) 138f.
Proust, Marcel 12
Psychoanalyse 131, 134, 155

Religion, Religiosität 33f., 127,
158f., 162f.
Rhodesien s. Zimbabwe
Rich, Adrienne 66
Ritchie, Charles 74–77, 80
Rivers, Larry 12
Rivers, William H. R. 131f., 134f.
Rom 9, 112
Roosevelt, Eleanor 10
Roth, Philip 86

Sadec (Vietnam) 58
Saigon 59, 61

Sartre, Jean-Paul 159
Sassoon, Siegfried 130, 132
Schicksal 17, 68
Schreiben 12–15, 45 f., 86 f., 89, 93, 102, 110 f., 113, 116 f., 122
schriftstellerisches Schaffen 14, 28, 35, 39, 65, 67, 86, 94, 96, 109–111, 116, 152 f.
Schwartz, Delmore 12, 86–89, 93, 102
sechziger Jahre des 20. Jh.s 12, 85
Selbstentfremdung 55, 85
Selbsterkenntnis 28, 43, 160
Selbstfindung 26 f.
Selbstforschung 116
Selbstmord 57
Sentimentalität 145 f.
Sex, Sexualität 23 f., 26–28, 31 f., 38, 40, 42, 44, 49, 51 f., 91, 101, 133, 137, 149, 160–162
Sexismus 17, 94, 103
Shepp, Archie 12
siebziger Jahre des 20. Jh.s 16, 18, 29, 40, 94, 165
Smedly, Agnes 12
Söhne und Liebhaber 23–41
»Solitude of Self« 104–107
sozialer Realismus 15
soziale Themen 11 f., 31 f., 65, 71, 91, 109, 135 f.
Spießbürgertum 28, 89
Stanton, Elizabeth Cady 104–106
Strachey, Lytton 93
Südafrika 101
Suffragettenbewegung 104; s. a. Frauenwahlrecht

Tel Aviv 96
The Rise of David Levinsky 85
The Village Voice 14–16

The World is a Wedding 89–93
»Three Days and a Child« 97–99
Tolstoi, Leo 44, 109
Transzendenz 27, 47
Tschechow, Anton 20
Turin 112
Tyrannei, männliche 45, 95, 111 f., 115, 120

Überlegenheit 91 f.
Unabhängigkeit, weibliche 17, 44–46
Unentschlossenheit 93
Ungerechtigkeit, soziale 11

Vanguard (New Yorker Jazz Club) 12–14
Verkümmerung, emotionale/ seelische 52, 69, 72, 139, 141; s. a. Distanz; Leere
Verlangen, erotisches/sexuelles 26, 31 f., 46 f., 59–61
Verrat 68, 72, 77
vierziger Jahre des 20. Jh.s 87 f.
Vinhlong (Vietnam) 63
Von Zeit und Fluss 11

Wells, H. G. 32 f., 39
Wilson, Edmund 12
Wolf, Dan 14 f.
Wordsworth, William 73

Zeit der Unschuld 28
Zimbabwe 149 f.
Zweiter Weltkrieg 54, 67, 88, 113 f.; s. a. London
Zynismus 75

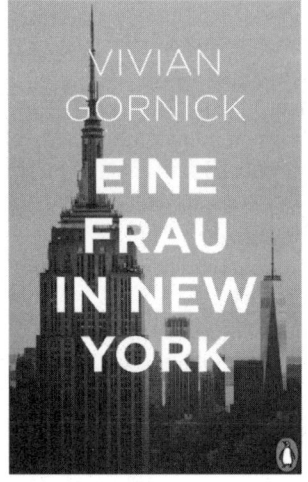

Stadtluft macht
Frauen frei!

Eine Frau in New York ist das zutiefst ehrliche Bekenntnis Vivian Gornicks, der Grande Dame der amerikanischen Frauenbewegung, zu einem selbstbestimmten, unkonventionellen Leben, eine mutige Annäherung an das Fremde, eine Ode an wahre Verbundenheit und eine Liebeserklärung an diese kräftezehrende und zugleich so vitalisierende Stadt: New York.

Jetzt reinlesen auf www.penguin-verlag.de

Mütter sind anstrengend und bleiben es ein Leben lang.

Schon als Kind spürt Vivian Gornick die Wut ihrer Mutter über deren Hausfrauendasein. Begleitet von der trotzigen Behauptung, Ehefrau und Mutter zu sein, sei die Erfüllung jeder Frau. Über Vivians Wahl von Unabhängigkeit und Schriftstellerei können die beiden unzertrennlichen Frauen endlos streiten. In diesem autobiografischen Roman sezieren Mutter und Tochter auf kilometerlangen Fußmärschen durch New York weibliche Lebensentwürfe und lassen furios und höchst vergnüglich ihre Liebhaber, Träume und Enttäuschungen Revue passieren.

Jetzt reinlesen auf www.penguin-verlag.de

Die amerikanische Originalausgabe erschien 2020 unter dem Titel
Unfinished Business, Notes of a Chronic Re-Reader
bei Farrar, Straus and Giroux, New York.

Sollte diese Publikation Links auf Webseiten Dritter enthalten,
so übernehmen wir für deren Inhalte keine Haftung,
da wir uns diese nicht zu eigen machen, sondern lediglich
auf deren Stand zum Zeitpunkt der Erstveröffentlichung verweisen.

Penguin Random House Verlagsgruppe FSC® N001967

1. Auflage 2022
Copyright © 2020 der Originalausgabe by Vivian Gornick
Copyright © 2022 der deutschsprachigen Ausgabe by Penguin Verlag
in der Penguin Random House Verlagsgruppe GmbH,
München, Neumarkter Str. 28, 81673 München
Umschlag: Sabine Kwauka
Umschlagfoto: © Mitchell Bach
Satz: Greiner & Reichel, Köln
Druck und Bindung: GGP Media GmbH, Pößneck
Printed in Germany
ISBN 978-3-328-60145-6
www.penguin-verlag.de